도시재생, 스마트 시티 준비를 위한 필독서!!

세계브랜드가 지역브랜드다

[일본사례편]

개정판

김혜정 저

NEXEN MEDIA

지역브랜드가 세계브랜드다 - 일본사례편

초판 발행　2024년 04월 18일
개정 1쇄 발행　2025년 05월 10일

저자　김혜정
펴낸이　배용구
펴낸곳　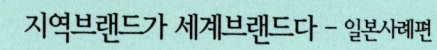

우편번호　04559
주소　서울시 중구 마른내로 102
전화　070_7868_8799
팩스　02 _ 886_5442

등록　제2019-0001141호
ISBN　979-11- 93796-01-6-93090
ⓒ 2025, 넥센미디어

※ 값은 뒤표지에 표시되어 있습니다.
※ 잘못된 책은 구입처에서 교환해 드립니다.

01

들어가며

1995년, 지방자치단체장의 직선과 함께 지방자치(local self-government, 地方自治)는 지역경제를 활성화하기 위한 중심적인 역할을 하며 본격적인 활동을 시작했다. 농경시대와 산업혁명을 거치며 우리는 21세기 초연결(hyper-connected, 超連結)과 초정보화 시대에 살고 있다. 이와 함께, 전통적인 경제에서 벗어나 문화전쟁 속에서 4차 산업혁명의 시대를 맞이하고 있다. K-POP과 K-Culture가 세계적으로 통하는 것을 보면 우리의 문화가 세계적인 영향력을 갖고 있다는 것을 알 수 있다. 지역 브랜드는 지역의 존재와 함께 국가와 세계화(Globalization, 世界化), 국제화의 중요한 요소가 되었다. 이러한 흐름 속에서, 지역의 정체성과 '지역다움'은 더욱 중요시되고 있다.

거시적인 측면에서 볼 때, 세계화(Globalization, 世界化)와 현지화(Localization)는 서로 보완적인 요소로 작용하며, 과거의 성장 위주의 발전 모델이나 특정 산업 위주의 지역 발전은 환경 파괴와 같은 부정적인 결과를 초래했다. 그러나 최근에는 지식정보산업화의 도래로 인해 지역 발전에 대한 관점도 변화하고 있다. 기술과 산업의 발전 뒤에는 관광성과 문화의 매력이 함께 작용하여 새로운 발전 모델이 형성되고 있다.

지역 정체성(正體性, identity)이라는 측면에서는 문화적인 측면과 각 지역이 가지고 있는 지리적, 입지적, 그리고 환경적인 요소를 고려할 필요가 있다. 이러한 요소들을 무시할 경우, 지역은 살아남기 힘들어진다. 무엇보다도, 지역 주민과의 상생협력적인 관계를 고려하지 않으면 지역 발전에 대한 지속적인 동기부여를 얻기 어려울 것이다. 이러한 다양한 요소들이 조화롭게 작용할 때, 지역 이미지와 정체성을 만들어나갈 수 있는 것이다. 결국, 지역 브랜드 전략은 단순히 지역의 발전과 경제적 활성화를 위한 것뿐만 아니라, 지역의 이미지와 정체성을 조성해 나가는 과정으로 볼 수 있다.

우리나라는 일제 강점기를 거쳐 급격한 발전을 이룩하며 경제적 활성화를 이루었지만, 그 이면에는 오랜 기간 해결해야 할 문제들이 남아 있다. 대기업 육성 정책으로 인한 정경유착 문제가 드러났고, 명목상으로만 구축된 선별적인 공업단지로 인해 자본과 인구가 일부 지역에만 집중되어 지역 간의 격차와 갈등이 더욱 심화되고 있다. 세계는 대한민국의 발전이 '한강의 기적'으로 높혀 주고 있지만 이면에는 사회경제의 불균형을 가져왔다. 따라서 4차 산업 시대에 사는 우리는 지역 브랜드를 활성화하는 동시에 도시재생(都市再生)하며 그곳에 사는 사람들이 한 발자국 더 편리한 삶과 문화를 만끽하는 초석을 마련하여야 한다. 시민의 편리한 삶과 미래를 위한 생태계 발전을 위하여 지역 브랜드를 기반으로 정체성의 초석을 다지고 낙후된 지역의 도시 재생, 미래사회를 위한 초연결(hyper-connected, 超連結), 초정보화, 스마트 모빌리티(Smat mobility)사회를 준비하는 생태계를 만들어야 한다. 본서는 일본의 지자체(地自體)의 성공 사례(successful case)를 기반으로 연구하였으며 대부분 일본 자치단체의 공시자료를 바탕으로 하였다. 또한 브랜드 접근에서 구성요소에 있어서는 디자인적 접근을 통해 보다 효율적으로 성과를 창출해 낼 수 있는 이미지메이킹(Image Making), 매력창출(USP Creating), 문화구현(Culture Embodying)적 요소[1]로 구분하여 접근방안을 제시하였다. 문화 클러스터 개발 과정에서는 단계별로 중요한 체크항목과 절차를 상세히 설명하였다. 또한, 문화 클러스터를 이상적으로 구축하기 위한 방안과 함께 지역 특색을 반영한 브랜드 개념의 특화된 문화 클러스터 구축 방안을 제시하였다. 일본의 지역개발 성공사례를 통해 클러스터 구축의 구체적인 사례를 분석하였고, 다양한 형태의 지역 문화 클러스터 개발 모델을 제시함으로써 교육과 정책 수립에 도움이 되는 가이드 차트를 개발하였다. 이러한 연구와 분석을 통해, 메가(mega) 지역 브랜드의 확립, 도시재생(都市再生), 스마트 모빌리티(Smat mobility)를 효과적으로 준비하기 위해서는 지방자치단체의 필수 기초자료 일 것이다. 결과적으로, 효과적인 문화 클러스터의 개발과 활성화는 지역의 경제적, 사회적 발전을 촉진하는 주요 요소임이 분명하다.

본서를 기반으로 지역 브랜드의 활성화를 기대하며 경제적 활성화 측면에

---

[1] 정경원, 『디자인경영』, 서울 : 안그라픽스.

서는 문화 클러스터의 성공적인 개발과 운영은 지역 경제에 긍정적인 영향을 미칠 수 있다. 특히, 관광객 유치, 지역 상품 및 서비스의 수요 증가, 새로운 일자리 창출 등을 통해 지역 경제의 다양화와 활성화에 기여할 수 있다. 또한, 사회문화 측면에서 문화 클러스터는 지역의 문화적 정체성을 강화하고, 주민들의 삶의 질을 향상시킬 수 있다. 지역민의 커뮤니티의 결속력을 강화하고, 다양한 문화적 활동과 교육의 기회를 제공함으로써 사회적 포용과 문화적 다양성을 촉진할 수 있으며 도시재생 및 지역 브랜드 강화로 문화 클러스터는 방치되었거나 활용도가 낮은 도시 지역의 재생을 촉진할 수 있다. 또한, 지역의 브랜드 가치를 향상시키고, 지역을 대표하는 특색 있는 명소로 자리매김할 수 있다.

스마트 모빌리티는 지속가능성을 촉진하여 문화 클러스터 개발 과성에서 스마트 모빌리티와 같은 현대적인 인프라 구축을 포함함으로써, 지역 내에서의 이동성 향상과 환경친화적인 도시 개발을 촉진할 수 있다. 문화 클러스터 개발 모델은 지방자치단체의 정책 수립과 장기적인 개발 계획에 중요한 방향성을 제공하고 이를 통해 지역 특색에 맞는 맞춤형 전략을 수립하고 실행할 수 있게 된다. 결론적으로, 문화 클러스터의 개발은 지방자치단체에게 경제적, 사회문화적 발전을 가져오는 동시에 지역의 장기적인 지속가능성과 경쟁력을 향상시키는 중요한 기회를 제공할 수 있다.

목차

01 들어가며 / 3

02 지역 브랜드 필요한가? / 17

    왜 지역 클러스터인가? ············ 20

03 문화 클러스터 / 25

    문화 클러스터 환경변화 ············ 26
        | 가치관의 다양화와 변화의 시대 ············ 26
        | 고도 정보시대 ············ 27
        | 글로벌화의 진전 ············ 28
        | 지방자치시대 ············ 29
    문화 클러스터의 개념 및 정의 ············ 30
        | 지역 문화 클러스터 ············ 31
        | 지역자원의 분류와 평가항목 ············ 40
    문화 클러스터 유형별 연구 ············ 43
        ❖ 문화와 클러스터 유형 ············ 43
        | 문화단지 지역 지정현황 1차 ············ 52
        | 문화단지 지역 지정현황 2차 ············ 52

| 지역산업 상관관계 및 성장요인 ············ 55
| 해외 클러스터의 성공 요인 분석 ············ 55
❖ 문화 클러스터 자원의 유형 ············ 57
  | 지역 자원 중심형 ············ 57
  | 지역 자원의 유형도 ············ 59
  | 역사적 자원 ············ 59
  | 환경적 자원 ············ 60
  | 에코벨트 조성 ············ 63
  | 지역 문화적 자원 ············ 64
  | 지역 브랜드 창출형 ············ 65
  | 지역 메가 브랜드 ············ 66
  | 지역 제품 브랜드 ············ 69
  | 축제 ············ 71
  | 이벤트 ············ 75
  | 캠페인 ············ 76
문화 클러스터의 구성요소 ············ 78
  | 이미지메이킹 ············ 79
  | 문화 클러스터 구성요소 ············ 81
  | 강한 지역 브랜드 이미지 구축의 예 ············ 84
  | 매력창출 ············ 89
  | 매력있는 브랜드를 지역 문화자원으로 만들기 위한 요소
              ············ 89
  | 문화구현 ············ 91

| 연관성의 문화적 클러스터 ············ 93

04 문화 클러스터 개발 체계 구축 / 97

지역 브랜드와 문화 클러스터의 기본구조 ············ 99
    | 지역 문화 클러스터 개념도 ············ 101
    | 인적 요인 ············ 101
    | 지역적 요인 ············ 102
    | 시각적 요인 ············ 103
    | 문화적 요인 ············ 105
    | 체험적 요인 ············ 106
    | 지역금융 기능적 요인 ············ 107

지역 브랜드와 문화 클러스터 입지여건 ············ 108
    | 문화 클러스터 입지여건 ············ 111
    | 지역 브랜드 개발을 위한 고찰 ············ 112

지역 브랜드와 문화 클러스터 성립형태 ············ 116
  ❖ 지역 아이덴티티 도입 ············ 116
  ❖ 지역 가치 최대로 높이기 ············ 121
  ❖ 파워 지역 문화 브랜드 구축 ············ 122
    | 일관성의 법칙 ············ 123
    | 혁신의 법칙 ············ 124
  ❖ 클러스터 브랜딩 ············ 125
  ❖ 지역별 차별화된 문화 클러스터 ············ 126

| ❖ 체험 커뮤니케이션 중시 ·············· 127
| ❖ 독자적 문화 클러스터의 필요성 ·············· 128
| **지역 브랜드와 문화 클러스터의 발전** ·············· 129
| ❖ 지역 문화 클러스터의 필요성 ·············· 129
| ❖ 문화의 상품자본화 ·············· 133
| ▎지역 문화 클러스터 구조도 ·············· 135
| ❖ 문화 클러스터의 브랜드화 ·············· 135
| ❖ 국내 문화 클러스터 발전조건 ·············· 137
| ▎문화관광권 및 특화주제 ·············· 138

05 지역 문화 클러스터개발 성공사례 / 141

캠페인 개발모델 사례 ·············· 143
  ❖ 시즈오카현 하마마쓰 : 외국인을 위한 '지역공생' 마을조성
    ·············· 143
  ❖ 시골집 생활『낙원 신슈』: 신슈 ·············· 145
지역자원 개발 모델 사례 ·············· 147
  ❖ 밝고 활기 찬 전통 가게 : 도쿠시마현 사다미쓰정 ·············· 147
  ❖ 매력 있는 지역으로 재생 : 구로카베 ·············· 149
  ❖ 아트 플랜21 : 미카와 사쿠도 ·············· 153
친환경적 개발모델 ·············· 156
  ❖ 독창적이며 자발적인 지역 녹화 : 히바루 오카야마수 ·············· 156
  ❖ 시즈오카현 : 녹차 클러스터 ·············· 157

체험적 커뮤니티 개발모델 ·········· 158
- 자연체험촌 '곤충의집' : 오호츠크 ·········· 158
- 아이를 위한 문화 예술공간 : 미야자끼 ·········· 161
- 하기소 하나레 : 도쿄 ·········· 164

06 지역 문화 클러스터 개발 전략 / 167

캠페인 개발모델 ·········· 172
지역자원 개발모델 ·········· 177
친환경적 개발 모델 ·········· 181
체험적 커뮤니티 개발 모델 ·········· 184

07 맺음말 / 189

참고문헌 / 194

Abstract / 197

표 목차

〈표 1〉 지역개발디자인 및 지역아이덴티티와 지역이미지 형성 / 40
〈표 2〉 문화 클러스트 유형 / 46
〈표 3〉 문화단지 지역의 지정현황 1차 지정 / 52
〈표 4〉 문화단지 지역의 지정현황 2차 지정 / 52
〈표 5〉 문화단지 해외 사례 / 54
〈표 6〉 문화 클러스터 입지여건 분류 / 112
〈표 7〉 국내 문화 클러스터 발전조건 / 138

그림 목차

〈그림 1〉 지역 문화 클러스터 / 31
〈그림 2〉 문화 클러스터 유형별 사례 / 48
〈그림 3〉 도시재생을 위한 문화클러스터 활용방안 / 49
〈그림 4〉 CT클러스터의 발전전략과 정책방향 / 50
〈그림 5〉 지역산업 상관관계 / 55
〈그림 6〉 지역 자원 유형도 / 59
〈그림 7〉 서울시 브랜드 변화 / 66
〈그림 8〉 지역 메가 브랜드 / 69
〈그림 9〉 상주곶감 이미지 / 70
〈그림 10〉 해외 축제 사례 / 74
〈그림 11〉 브랜드 요소 / 81
〈그림 12〉 문화 클러스터 구성요소 / 84
〈그림 13〉 브랜드 이미지 유형 / 86
〈그림 14〉 브랜드의 요소 / 87
〈그림 15〉 지역 문화 클러스터 개념도 / 101
〈그림 16〉 앤홀트의 육각형(Hexagon) 모델 / 119
〈그림 17〉 앤홀트의 육각형(Hexagon) 모형 / 119
〈그림 18〉 파워 지역 구축 / 125
〈그림 19〉 지역 문화 클러스터 구조도 / 135
〈그림 20〉 일본 사례 / 146
〈그림 21〉 일본 사례 / 148
〈그림 22〉 일본 사례 / 151

〈그림 23〉 일본 사례 / 154
〈그림 24〉 일본 사례 / 158
〈그림 25〉 일본 사례 / 162
〈그림 26〉 하기소 소개 / 164
〈그림 27〉 하기소 전경 / 165
〈그림 28〉 문화 클러스터 개발 전략 / 172
〈그림 29〉 캠페인 개발 전략 / 176
〈그림 30〉 지역자원 개발모델 / 180
〈그림 31〉 친환경형 개발 전략 / 183
〈그림 32〉 체험형 커뮤니티 개발 전략 / 185

02

지역 브랜드 필요한가?

2 0세기 후반, 정보혁명에 의해 지식 기반 사회로의 전환과 함께, 전 세계는 어느 누구도 폐쇄적일 수 없는 거대한 네트워크 시장이 형성되었다. 각 국가는 자체적인 변화를 모색하며 지방 단위에서의 경제적 자립을 추진하기 시작했다. 이런 움직임은 세계화가 지역화 및 지방화로 이어지며, 국가와 지방 간의 경쟁력 강화와 자치화를 촉진하는 극심한 구조적 변화를 겪게 되었다. 이러한 변화는 '세계화(Globalization, 世界化)'가 '지방화(regionalization, 地方化)', '지역화(localization, 地域化)로 발전하며 국제사회의 구조를 근본적으로 변화시키는 계기가 되었다. 국가에 종속되었던 지역 문화와 산업 역시 각 지역사회에서 생겨난 문화지식 및 인터넷정보 등으로 국제적 소통기반을 더욱 강화하고 있다. 각 국가는 브랜드와 이미지 포지셔닝을 통한 지역의 문화적 위상이 지역의 경제력과 직결되는 위력을 발휘하게 되었다. 지방의 각 자치단체는 지역경제(regional economy, 地域經濟)에 이바지할 상품자원개발에 총력을 기울이면서, 역사와 전통을 자산으로 하는 유물과 유적 발굴은 물론 IT기술을

동반한 첨단 미디어산업 개발에 이르기까지, 지역을 특성화하고 경쟁력 있는 상품으로 무장하기 위해 정책적으로 클러스터를 추진해 나가고 있다.

우리나라는 근대화 과정 중 일제의 식민지 지배와 내전을 경험하며, 문화보다는 정치적 독립을 우선시하는 경향이 생겼다. 외세 지배 기간 동안 국내 문화에 대한 자긍심이 약해지면서, 고급 문화 인식이 주로 일제와 서구 중심으로 형성되었다. 1960년대 정치·사회적 안정을 추구하는 시기를 거쳐, 1980년대에는 산업경제가 중심이 되는 시대로 전환되었으며, 이제 문화는 경제와 정치에 큰 영향을 미치는 중요한 역할을 하게 되었다는 것을 인식하고 있다.

비록 지방자치제의 역사는 짧지만, 지역 주민과 지방 정부 그리고 기업은 지역개발의 주체로서 이러한 사회의 변화를 심각하게 고려하고 있다. 지역사회로부터 이윤창출과 고용증대라는 절대적 과제는 정치적 안정과 지속적인 권력의 확보와 직결되어 있기 때문이다. 따라서 지역의 역사성으로부터 자연환경(natural environment, 自然環境)에 이르기까지 소비의 대상으로 지목될 수 있는 모든 것을 상품 자원화(資源化)하고 있다. 지역 상품 자원화는 개발위주의 산업정책에 밀려 개발보류, 소멸, 파괴되어 버린 것들이 마치 먼지를 털어내어 진열장 앞에 가지런히 놓이듯이 새로운 관심의 대상으로 떠오르고 있다. 이러한 것은 새로운 소비 취향을 겨냥한 새로운 형태의 상품개발이라는 공공연한 정책에 의해 또다시 자연과 전통이 손실되고 있다. 문화 클러스터는 이러한 관점에서 산업의 총체적 역량을 결집시키기 위한 자본(capital, 資本), 기술, 환경의 집적시스템을 그대로 본받아 문화라는 유무형적 자원개발시스템에 적용한 모델이다. 문화 클러스터는 물리적 편의를 도모할 도구를 생산하기 위해서 대량생산시스템으로 양적팽창(量的膨脹)을 구가하던 제조 중심의 산업이 아니라 창의(creativity)와 재창조(recreation)를 추구하고 학습과 체험으로 소비되는 산업후기형 취향의 지식, 정보, 음식, 여가 등을 주요 상품으로 생산하는 기반이다.

왜 지역 클러스터인가?

21세기는 글로벌시대로 불리며, 특정 지역만을 대상으로 하는 마케팅 접근은 이 글로벌한 환경에서 우리에게 너무나도 제한적이라 할 수 있다. 따라서 우리는 전 세계를 대상으로 하는 글로벌인으로서의 경쟁력을 갖추어야 한다. 그러나 이는 단순히 특정 지역만의 노력으로 이루어질 수 있는 일이 아니라는 점을 인식해야 한다. 글로벌시대의 도전은 모든 개인과 지역민이 공통으로 풀어야 할 과제이다.

예를 들어, 국내 어느 유명한 대기업의 이미지가 좋다고 해서 거기서 생산되는 제품이나 서비스를 외국의 어느 나라에라도 판매할 수 있는 것은 아니다. 만일 대한민국이라는 국가의 이미지가 좋지 않다면 '이미지가 좋지 않은 나라에서 판매하는 제품'이라는 인식으로 인해 나쁜 영향을 받을 수도 있는 것이다.

지역 브랜드 전략(戰略)은 기업의 마케팅을 지원하는 중요한 역할을 수행한다는 점에서 중요하다. 하지만 이것이 지역 브랜드 전략의 중요성을 전부 설명하는 것은 아니다. 지역 브랜드 전략의 가치는 기업 마케팅 활동을 지원하는 것뿐만 아니라, 지역의 정체성을 강화하고 지역 경제에 기여하는 더 광범위한 역할을 포함한다. 결과적으로, 지역 브랜드 전략의 중요성은 다양한 측면에서 평가되어야 한다는 것이다.

지역 브랜드 전략(戰略)은 지역의 성장과 발전을 촉진하는 핵심 요소로서, 주민들의 자긍심과 단결심을 고취시키는 동시에, '살고 싶은 곳', '방문하고 싶은 곳', '삶의 질이 우수한 곳'으로 인식되게 만드는 데 기여한다. 만약 내가 거주하는 지역이 산업적으로 낙후되었고, 관광자원이 부족하고 삶의 질이 떨어진다고 인식된다면, 거주민으로서의 자긍심이 크게 저하될 것이다. 이에 반해, 지난 세기에 경제 성장의 선두에 섰던 OECD 국가들은 이제 제조업 중심에서 벗어나 정보, 금융, 문화, 환경과 같은 비제조업 분야에서 경쟁력을 강화하고 있다. 이러한 선진국들은 지역의 문화를 글로벌하게 홍보하며, 브랜드가치를 높이고 제품을 고급화(高級化)하며 차별화(差別化)하는 전략을 추구해 왔다. 예를 들어, 하버드 대학의 마이클 포터 교수(1947~, Michael Eugene Porter)는 미국 전역의 산업 클러스터를 조사하여 미국의 경쟁력 강화 방안을 모색했으며, 일본 또한 2000년부터 지역 산업(local industry, 地域産業)의 회생을 위해 산업 클러스터 계획을 진행하고 있다.

세계가 문화와 정보의 시대를 맞이하면서, 국가 간의 장벽은 점차 허물어지고 있으며, 유형 및 무형의 상품들이 브랜드를 통해 차별화差別化되어 전 세계를 무대로 자유롭게 경쟁하고 있다. 이러한 글로벌 네트워크 시장에서 브랜드와 문화의 힘은 점점 더 중요해지고 있으며, 특정 지역의 이름만으로도 중요한 브랜드가치를 지닐 수 있는 시대가 되었다. 이는 지역 브랜드가 강력한 자산이 될 수 있음을 의미하며, 잘 관리되는 지역 브랜드 하나만으로도 엄청난 경제적 가치와 인식의 전환을 가져올 수 있는 잠재력을 내포하고 있다. 하지만, 전혀 알려지지 않은 지역에 새로운 이미지를 부여하고 이를 글로벌화 및 보편화(generalization, 普遍化)시키는 과정은 상당한 도전이며, 매우 어려운 일이 될 수 있다. 이러한 것은 지역 브랜딩과 관련된 전략이 중요하게 작용하는 부분이며, 지역의 독특한 문화와 특성을 세계적으로 알리기 위한 지속적인 노력이 요구된다.

최근 들어서는 많은 자치단체(autonomous community, 自治團體)와 재계가 지역개발을 위해 산업 클러스터(Industrial Cluster)에 대한 관심을 높여가고 있다. 다양한 지역에서 구현된 산업 클러스터 전략이 성공적인 사례로 부상하고 있는 것을 볼 수 있다. 그러나 대부분의 산업 클러스터는 단기간에 큰 개발비를 들여 일정 지역 내에 조성되는 정책 모델로, 중앙 및 지방정부 주도하에 구축된 인프라로 간주될 수 있다. 이러한 접근 방식은 일시적인 성공을 가져올 수는 있으나, 지속 가능한 발전과 장기적인 지역 브랜딩 전략에는 한계가 있을 수 있다.

더불어 IT 기술의 발달과 함께, 문화관광부를 비롯한 여러 기관들은 정보 문화 산업을 포함한 후기 산업 상품화에 주력하고 있다. 이는 디지털 콘텐츠, 음반, 영화 및 저작물과 같은 지적재산권이 포함된 다양한 분야에서의 상품화를 촉진하고, 지역 문화를 기반으로 한 산업 문화 클러스터의 형성을 지원하는 역할을 한다. 지역의 자연환경, 역사적 유래, 특산품 등의 고유한 특성을 활용하여 장기적인 브랜드가치와 부가가치를 증대시킬 수 있는 전략으로, 지역의 장래에 큰 영향을 미칠 수 있다. 이러한 지역 브랜드 전략은 단순히 경제적 가치에 국한되지 않고, 문화적, 사회적, 환경적 가치를 포함한 종합적인 접근이 필요하다. 지역의 독특한 특성과 문화를 글로벌 시장에 알릴 때, 지속 가능하고 장기적인 성장을 기대할 수 있는 지역 브랜드 전략의 중요성은 더욱 부각된다. 따라서 지역 브랜드를 통한 차별화 및 가치 창출에 대한 전략적 접근은 현재와 미래 세대를 위한 지역 발전의 핵심 요소가 되어야 한다.

여기서 본 저자는 산업적 제조 기반의 클러스터를 배제한 문화 클러스터 개발 전략을 중심으로 기술하였고 우리나라의 각 지역보다 효과적인 지역개발 전략으로서 문화 클러스터를 채용할 경우 정책 지침으로 활용될 사례와 모델을 개발하는 데 중점을 두었다. 세계 각국으로부터 수많은 지역개발의 성공 사례를 찾아볼 수 있으나 비교적 지역자치단체 운영방식이 우리와 흡사하고 보다 선진화된 지역개발의 모델을 많이 보유하고 있는 일본의 사례의 문화 클러스터의 유형은 시대의 변화와 소비의 주체, 그리고 대상에 따라 무한히 확장 또는 변화해 나갈 수 있다. 그만큼 다양한 자원(resources)들이 문화 영역에서 해석될 수 있고 새롭게 탄생될 수 있기 때문이다.

저자는 '내 고장 가꾸기', '이야기가 있는 고장 만들기' 등의 슬로건을 바탕으로, 지역 주민이 주도하는 지역개발 전략을 수립해야 한다고 제안한다.

03

문화 클러스터

문화 클러스터(Cluster) 환경변화

우리 주변에서는 '문화산업', '문화상품', '문화경쟁력', '문화전략'과 같이 예전에는 서로 어울리지 않을 것 같던 용어들을 자주 사용하는 것을 볼 수 있다. 정보화 시대가 진행됨에 따라 문화자원의 활용 가치가 점점 더 높아지고 있다는 신호이다. 더불어, 현대의 지역 문화 자원은 과거와 달리 단순한 정체성이나 동질성의 확보를 넘어서, 그 문화적 특성과 이미지가 상품화되고 경쟁력을 형성하며 생존의 수단으로 자리 잡게 되었다. 이를 통해 커다란 집단이 형성되고, 상호 커뮤니케이션을 통한 네트워크 구축이 이루어지고 있다는 것을 의미한다.

▎ 가치관의 다양화와 변화의 시대

놀라운 고도의 경제 성장을 경험한 결과, 물질적인 부에 대한 욕구는 상당 부분 충족되었고, 현대를 살아가는 사람들은 이제 정신적인 편안함과 더 풍요로운 가치관을 갖길 원하고 있다. 이러한 변화는 사람들이 단순한 생존을 넘어서 자아실현과 개인적 취향이 반영된 라이프스타일(lifestyle)을 추구하는 현상으로 나타나고 있다. 그들은 직업과 일상생활에서의 만족뿐만 아니라, 개인적인 취미와 관심사를 통해 자신의 정체성을 표현하고 싶어 한다.

이러한 시대적 배경 속에서, 문화는 단순히 여가 시간을 즐기는 수단을 넘어서, 사람들에게 즐거움과 감동을 주고, 정신적 안정과 깊은 행복감을 선사하는 중요한 역할을 하고 있다. 문화는 인생을 풍요롭게 만들고, 서로 다른 배경과 가치관을 가진 사람들이 공존할 수 있는 다양성을 존중하는 사회를 구축하는 데 기여한다. 또한, 문화는 창조력과 상상력을 사회에 주입하여, 일상의 단조로움을 벗어나 새로운 시각으로 세계를 바라보게 하며, 개인뿐만 아니라 커뮤니티 전체에 새로운 활력을 가져다준다.

결국, 현대 사회에서 문화는 사람들이 자신의 삶을 보다 의미 있고 충족감 있게 만드는 데 필수적인 요소가 되었으며, 사람들이 보다 깊이 있는 삶을 추구하고, 서로를 이해하며, 창의적이고 혁신적인 생각을 키워가는 데 중요한 역할을 하고 있다.

▎고도 정보시대

인터넷(Internet)과 정보통신기술(IT)의 급속한 발전은 전 세계적인 지역 간 격차 해소에 큰 역할을 하고 있다. 이로 인해 위치에 상관없이 누구나 다양한 정보를 송수신 할 수 있는 환경이 마련되었고, 이는 지식의 접근성과 정보의 확산 속도를 대폭 향상시켰다. 특히, 디지털(digital) 기술의 비약적인 발전은 컴퓨터 그래픽과 같은 새로운 표현 수단의 창출을 가능하게 했으며, 예술과 디자인, 교육 및 여러 창조적 활동 영역에서 무한한 가능성을 열어주었다.

이와 함께, 정보화 사회의 도래는 정보의 효율적인 교류를 가능하게 하며, 기술 활용의 경계를 더욱 확장시켰다. 정보와 기술의 상호작용은 새로운 형태의 커뮤니케이션(Communication) 방식을 낳았으며, 전 세계 다양한 문화 간의 소통을 촉진하고 있다. 다양한 문화적 배경을 가진 사람들이 서로를 더 잘 이해하고, 상호 존중하는 과정에서 새로운 문화적 현상이 탄생하고 있다.

뿐만 아니라, 이러한 기술적 발전은 교육, 의료, 엔터테인먼트, 비즈니스 등 다양한 분야에서 혁신을 촉진하고 있다. 사람들은 이제 온라인 플랫폼을 통해 전 세계 어디에서나 교육과정에 접근하고, 원격 의료 서비스를 이용하며, 다양한 엔터테인먼트를 경험하고, 글로벌 비즈니스 기회를 탐색할 수 있게 되었다. 이 모든 변화는 정보와 기술이 인간의 삶을 어떻게 변화시키고 있는지를 보여주는 강력한 예시이며, 앞으로도 계속해서 우리의 삶에 깊이 있는 영향을 미칠 것으로 기대된다.

▌ 글로벌화의 진전

경제 활동이 글로벌화되면서, 세계 각국과 다양한 분야에서 정보의 교류가 급격히 확대되고 있다. 이러한 글로벌화의 진전은 세계의 다양한 문화와 사회를 더 가깝게 연결하고 있지만, 동시에 사회의 동질화를 촉진하고 지역 간, 문화 간의 다양성을 약화시킬 위험이 있다. 한편으로는 세계를 하나의 큰 시장으로 연결하지만, 다른 한편으로는 개별 지역의 독특한 문화적 정체성을 소멸시킬 수 있는 위험한 사고방식이 될 수 있다.

이러한 시대적 배경 속에서, 문화 클러스터의 개념은 더욱 중요해지고 있다. 문화 클러스터는 각 지역의 역사적 배경을 기반으로 하여 지역사회에 다양한 가치관을 심어주는 역할을 한다. 지역의 주민들이 자신들이 속한 공동체 내에서 고유한 유대감을 형성하고, 서로 다른 배경을 가진 이웃들과 문화를 공유함으로써, 각 지역마다 독특한 본질성과 정체성을 발견하고 이를 강화하는 데 기여한다. 따라서, 문화 클러스터는 글로벌화 시대에 각 지역의 개성과 다양성을 보존하고 강화하는 중요한 역할을 담당하며, 지역사회 내에서 창의성과 혁신을 촉진하는 토대를 마련한다. 결국 지역 경제의 발전과 지속 가능한 성장을 도모하며, 글로벌화의 파도 속에서도 각 지역의 독특한 문화적 가치와 전통을 유지하고 발전시키는 중요한 전략이 되고 있다.

지방자치시대

지방자치제의 성립을 계기로, 여러 지역에서는 시읍면 단위의 병합과 같은 구조적 변화를 시작하며, 지역 분권화에 대한 움직임이 급격히 확산되고 있다. 각 지역이 자체적인 네트워크 구축과 지역적 자립성 확립을 필요로 하는 새로운 시대의 도래를 의미한다. 이 과정에서 각 지역은 가치관의 다양화, 인구 고령화, 그리고 지역 특색의 강조와 같은 도전과 기회에 직면하고 있으며, 이러한 변화는 지역 커뮤니티의 질적 향상을 촉진하고, 지역 고유의 역사와 문화, 자연환경에 대한 관심을 새롭게 하고 있다.

이러한 동향은 지방 사회에 새로운 자신감을 주고 있으며, 각 지역은 자기 지역에 대한 자부심과 애향심을 갖게 되었다. 지역 주민들의 창의력과 독특한 개성을 바탕으로 한 풍부한 자원을 문화적, 경제적 자산으로 전환하고, 이를 통해 각 지역의 브랜드가치를 창출하는 데 중요한 역할을 한다. 예상되는 결과로, 각 지역은 자신들만의 독특한 문화 클러스터를 형성하여, 지역의 경제적 활성화 및 사회적 연대감을 강화할 것으로 기대된다. 이러한 문화 클러스터는 지역적 특성을 기반으로 한 새로운 서비스와 제품, 예술적 창작물을 촉진하며, 지역의 문화적 정체성을 강화하고, 국내외 관광객 및 투자자들을 유치하는 중요한 수단이 될 것이다. 따라서, 지방자치와 지역 분권화의 확대는 각 지역의 독특한 문화와 역사, 자연환경을 보존하고 발전시키며, 지역 주민들의 삶의 질을 향상시키는 핵심적인 기회로 작용할 것이다.

문화 클러스터의 개념 및 정의

지역이 발전하려면 전통성, 지역성, 역사성을 지닌 지역 문화자원이 필요하기 때문에 지방자치단체의 입장에서도 문화가 지역경제의 활성화를 위해 채택 가능한 대안의 하나다. 탈공업화 이후 일찍부터 서구의 지역들은 주어진 장소의 유무형 산물을 이용하여 관광과 컨벤션을 중심으로 하는 문화를 지역재개발과 경제 활성화의 전략으로 사용하고 있다.

▎지역 문화 클러스터

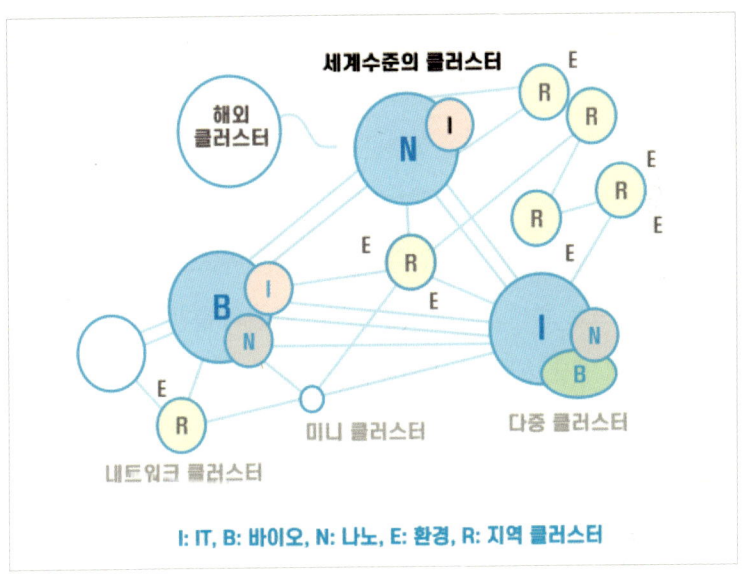

<그림 1> 지역 문화 클러스터, 출처 : Techno Leaders' Digest. 한국과학기술정보연구원

일반적으로 클러스터(Cluster)란 기업, 대학, 연구소 등이 특정 지역에 모여 네트워크를 구축하고 상호 유기적으로 연결되어 사업 전개, 기술개발, 부품조달, 인력 및 정보교류 등을 통해 시너지를 만들어 내는 것을 의미한다.[2] 매일경제에 따르면 산업집적지. 유사 업종에서 다른 기능을 수행하는 기업, 기관들이 한곳에 모여있는 것을 말한다. 클러스터는 직접 생산을 담당하는 기업뿐만 아니라 연구개발기능을 담당하는 대학, 연구소와 각종 지원 기능을 담

---

[2] 복득규,『산업클러스터의 국내 외 사례와 발전전략』, CEO Information 삼성경제연구원.

당하는 벤처캐피털, 컨설팅 등의 기관이 한곳에 모여있어서 정보와 지식 공유를 통한 시너지 효과를 노릴 수 있다. 클러스터는 미국의 실리콘밸리처럼 자율적으로 조성되기도 하며, 중국처럼 정부가 기획 단계부터 나서서 형성되기도 한다. 대표적 클러스터 모델로는 IT 클러스터와 CT 클러스터가 있다. 미국의 인터넷 사업을 주도하는 실리콘밸리, 보스턴 등이 전형적인 IT 클러스터이다. 국내에도 이를 벤치마킹한 테헤란밸리, 대덕밸리가 있다. CT(文化産業)는 하나의 소스로 다양한 분야에 활용할 수 있는 '원소스 멀티유즈(one source multiuse)' 산업이므로 클러스터가 효과적이다. 부천의 출판문화, 춘천의 애니메이션, 대전에 영상, 게임 클러스터가 형성되고 있다.[3] 김혜정(2005)은 석사논문에서 지역 브랜드를 통한 문화 클러스터의 중요성에 대하여 오래전부터 강조하였다.[4]

클러스터(Cluster)의 장점은 특정기관을 집약적으로 묶는 개념도 있지만 문화의 경우에서도 활용 될 수 있다. 문화 제품의 경쟁력을 만들어내는 요소들 가운데 외형적, 실물적 산출물에 담겨 있는 내용물 즉 콘텐츠가 매우 중요하다. 지역, 환경 등의 특수성이 반영된 문화는 그 자체의 가치를 높게 만들어 내는데 매우 유용한 자산인 것이다.

정보화가 진전되면서 공간 없는 네트워크가 경제활동의 많은 부분을 대신한다는 이른바 '거리의 소멸'을 주장하기도 한다. 그러나 지식기반 경제하

---

3) 매일경제, 매경닷컴.
4) 김혜정, 『지역 브랜드 구축을 위한 문화 클러스터 개발전략』, 이화여대석사논문.

에서도 역시 이런 산업 집적지는 다른 의미에서 그 중요성이 인정되고 있다. 지식사회에서도 경제주체 간의 대면접촉을 통한 암묵지의 획득은 여전히 중요하며 그에 따라 공간성이 의미를 갖게 되는 것이다.[5]

인터넷의 광범위한 보급으로 인해, 공간의 개념은 우리에게 이전보다 훨씬 익숙해졌다. 이러한 변화는 공간성에 대한 우리의 이해를 재정립하게 하며, 특히 문화 클러스터의 개념이 주목받게 되었다. 문화 클러스터는 이런 공간성의 맥락에서 볼 때, 지역 간의 긴밀한 네트워크를 형성하고, 각 지역의 독특한 문화적 특성과 상업적 잠재력을 결합하여 경쟁력을 확보하는 전략을 말한다.

이 과정에서 문화 클러스터는 단순히 지리적인 결합을 넘어서, 지역의 문화적 정체성, 예술적 가치, 역사적 유산 등을 포함한 다양한 문화적 요소를 상업적 기반과 통합함으로써, 경제적 가치를 창출하고 지역사회의 발전을 도모한다. 해당 지역의 예술가, 기업가, 지역 주민 등 다양한 이해관계자들이 상호작용하고 협력하는 생태계를 형성함으로써, 지역 경제를 활성화하고, 문화적 다양성을 증진하는 동시에, 지역의 독특한 문화적 특성을 전 세계에 알릴 수 있는 기회를 제공한다. 결론적으로, 문화 클러스터는 지역 간의 연결성과 협력을 통해 지역의 문화적, 상업적 자산을 최대화하며, 이를 통해 지역 사회의 경제적, 사회적, 문화적 발전을 촉진하는 중요한 수단으로 자리 잡고

---

5) 박진수외, 『문화산업과 지역발전』, 산업연구원.

있다. 이는 공간성이 더 이상 생소한 개념이 아니게 된 현대 사회에서, 지역의 문화와 경제가 상호 작용하며 성장하는 새로운 방식을 대표한다.

지역의 고유한 문화에 바탕을 둔 "가치관의 다양성"과 함께, 이들 가치들을 컴퓨터 통신 네트워크를 통해 연결시키는 "분권화에 바탕한 유기적 융합화," 그리고 시스템과 환경의 서로 다른 구성요소들을 거시적 관점에서 동일시하여 생각하는 "전일적" 사고가 한층 중시 될 것으로 보인다. 그밖에는 정신의 중시와 함께 IT의 발달은 "경제의 소프트화"를 몰고 오고, 사용과 지속, 전통과 안정, 품격과 의미 등이 생활의 패러다임으로 자리매김할 것으로 예측되고 있다(조동성, 2000).

클러스터는 특정 산업 분야에서 서로 다른 기능을 수행하는 다수의 기업 및 기관들이 지리적으로 가까운 곳에 집중되어 있는 현상을 지칭한다. 이러한 구성은 서로 간의 협력과 경쟁을 통해 혁신을 촉진하고, 업종의 성장을 가속화하는 데 기여한다. 대표적인 클러스터 모델로는 IT(정보기술) 클러스터와 CT(문화산업) 클러스터가 있다. 예를 들어, 미국의 실리콘밸리와 보스턴의 IT 클러스터는 전형적인 예로, 첨단 기술 기업, 연구소, 대학 등이 밀집하여 세계적인 기술 혁신의 중심지로 발전하였다. 이 지역들은 정보기술 산업의 발전을 주도하며, 전 세계적으로 인재와 자본을 끌어모으고 있다.

한편, CT 즉, 문화산업 클러스터는 문화적 자산과 산업이 결합된 지역을 의미하며, 한국에서도 여러 예를 찾아볼 수 있다. 부천은 출판문화 클러스터로 유명하며, 춘천은 애니메이션 산업의 중심지로, 대전은 영상 및 게임산업 클러스터로 잘 알려져 있다. 이러한 지역들은 각각의 문화 산업에 특화되어 있으며, 관련 기업들과 연구 기관들이 집중되어 상호 협력을 통해 산업의 성장을 이끌고 있다. 또한, 이러한 클러스터는 지역 경제에 활력을 불어넣고, 문화적 가치와 상업적 가치를 동시에 창출하며, 지역의 브랜드 가치를 높이는 중요한 역할을 하고 있다.

문화 클러스터를 연구한 스턴(Mark J. Stern)과 세이퍼트의 정의(Stern and Seifert, 2007)에 따르면 문화 클러스터는 "서로 밀접한 연계를 가지고 자기조직적으로 상호작용6)하는 문화 예술의 생산 및 관련 기능의 지리적 집합체로 예술가들의 창작, 즉 문화의 생산 기능 외 집합체로 설명된다. 김혜정(2020)은 자기조직적으로 상호작용을 그의 저서 『이끌림의 비밀』에서 제시하기도 했다.

스턴과 세이퍼트에 따르면, 문화 클러스터는 주로 문화예술의 창작성을 중심으로 형성되는 인적 네트워크를 의미한다. 이 정의는 문화 클러스터가 단순한 지리적 집중을 넘어서, 예술가와 창작자들의 상호 작용과 협업을 중심으로 발전한다는 것을 강조한다. 이런 관점에서, 예술가들의 창작 활동이 문화 클러스터 내에서 창조성의 주요 원천으로 간주된다. 클러스터가 단지 문화산업의 산업적 측면에만 초점을 맞추는 문화산업지구나 문화지구와는 다른 특징을 가지고 있음을 나타낸다.

---

6) 김혜정, 『기초조형 입문서 : 이끌림의 비밀』, 넥센미디어.

즉, 문화 클러스터는 예술가와 창작자들이 모여 그들의 창조적 아이디어와 예술적 표현을 교환하며, 서로 영감을 주고받는 환경을 제공한다. 이 과정에서 생성된 창의적 에너지와 혁신은 문화 클러스터를 통해 지역사회에 긍정적으로 기여하며, 지역 경제와 사회적 가치를 증진시키는 중요한 자원이 된다. 이러한 문화 클러스터는 지역 문화의 다양성과 창의력을 촉진하는 중심지로서 기능하며, 문화예술 분야에서의 지속 가능한 발전을 가능하게 하고, 궁극적으로 지역사회의 삶의 질을 향상시키는 핵심 요소가 된다. 따라서, 문화 클러스터는 단순한 경제적 이익을 넘어 문화와 사회 전반에 긍정적인 변화를 가져올 수 있는 독특한 역량을 갖추고 있다고 할 수 있다.

이처럼, 문화 클러스터는 지역 내 한정된 공간에서 고유한 문화자원을 대학, 연구소 및 혁신적인 문화 지역과 같은 다양한 기관들과 집중시키며, 이를 통해 상호 네트워킹과 전문 분업화를 촉진함으로써, 각기 다른 분야 간의 시너지 효과를 극대화한다. 이러한 과정은 지역 브랜드 개발 전략에 있어서 매우 중요한 요소로 작용한다. 공간적, 인적, 기술적, 커뮤니케이션적, 체험적인 문화 클러스터 요소들이 상호 작용하며, 지역 문화의 독창성과 다양성을 강화하고, 지역 경제에 활력을 불어넣으며, 지역사회의 사회적 연대와 문화적 정체성을 촉진하는 데 중요한 역할을 한다.

공간적으로 문화 클러스터는 특정 지역 내에서 문화적 활동과 자원이 밀집되어 있는 지역을 형성하여, 창작자, 예술가, 학자, 기업가 등 다양한 참여자들이 쉽게 서로를 찾아 협력하고 아이디어를 교환할 수 있는 환경을 제공한다. 인적 요소에서는 다양한 분야의 전문가와 창작자들이 모여 새로운 아이디어와 프로젝트를 생성하며, 기술적 요소는 최신 기술의 접목으로 새로운 문화 콘텐츠와 형식을 개발할 수 있는 기반을 마련한다. 커뮤니케이션 요소는 이러한 아이디어와 콘텐츠가 지역 내외로 전파되어 지역의 명성을 높이고, 체험적 요소는 방문객들과 지역 주민들에게 독특하고 풍부한 문화적 경험을 제공하여 지역에 대한 긍정적인 이미지를 심어준다. 결론적으로, 문화 클러스터는 지역 브랜드를 강화하고, 지역 문화의 다양성과 창의력을 촉진하며, 경제적 및 사회적 가치를 창출하는 데 있어 핵심적인 역할을 수행한다. 지역사회의 지속 가능한 발전을 위한 전략적 접근으로서, 지역의 문화적 자산과 잠재력을 최대한 활용하는 방법 중 하나가 된다.

우리나라의 각 지역은 오랜 역사와 함께 그 자체로 하나의 독특한 문화를 형성하고 있다. 사회를 깊이 있게 이해하려면, 그 사회의 문화를 면밀히 살펴봐야 하듯이, 지역에 대한 깊은 이해 또한 그 지역이 갖는 고유의 문화적 정체성을 파악하는 데서 시작된다. 이러한 지역 문화는 내부적인 측면과 외부적인 측면, 즉 두 가지 다른 관점에서 이해할 수 있다. 내부적으로, 지역 문화는 그 지역 공동체 구성원들이 공유하는 가치관, 신념, 생활 방식 등을 반영한다. 공동체 내부의 연대감을 강화하고, 구성원들 사이의 상호 작용 및 협력의 기반을 마련한다. 반면에, 지역 문화의 외적 의미는 그 지역의 대외 이미지와 밀접하게 연관되어 있다. 즉, 지역 문화는 그 지역을 대표하는 이미지를 형성하며, 외부에 대한 지역의 인식을 결정짓는 중요한 요소이다. 이는 해당 지역이 타 지역이나 방문객들에게 어떻게 인식되는지, 그리고 그 지역이 어떠한 가치를 제공하는지를 나타낸다.

지역 문화는 해당 지방자치단체의 경영 이념이나 철학, 그리고 그것이 조직, 전통, 역사 등에 어떻게 반영되어 있는지에서 비롯된다. 또한, 지역의 자연환경, 특산품, 브랜드, 심벌마크나 로고, 유니폼, 지역 상징색 등과 같은 시각적 요소들도 지역 문화를 형성하는 중요한 요소이다. 이외에도 지역의 이미지를 형성하는 광고나 선전 활동, 지역에 얽힌 에피소드나 이야기, 그리고 지역 주민들의 태도나 금기 사항 등도 지역 문화를 이루는 기본이 되며, 이 모든 요소가 결합하여 지역 고유의 문화적 정체성을 나타내는 결과물로 나타난다. 이러한 지역 문화는 지역 공동체 내외부에 긍정적인 영향을 미치며, 지역사회의 발전과 지역 브랜드 가치의 증진에 기여하게 된다.

문화 클러스터 개발은 해당 지역의 독특한 브랜드 아이덴티티를 구현하고 활성화시키기 위한 전략적 방법론을 필요로 한다. 이와 관련된 아이덴티티 작업은 지역의 고유한 존재 가치를 명확히 하고, 이를 기업과 지역사회 내외에 강하게 인식시키려는 적극적인 노력을 의미한다. 지역이 보다 유리한 시장 조건을 마련하고 경쟁력을 갖추기 위한 목적을 가지고 있다. 이러한 아이덴티티 개발은 지방자치 시대의 지역 경영 원칙에 통합되어야 하며 이를 통해 내부적으로는 지역의 발전 방향을 명확히 설정하고, 지역 공동체와 그 구성원들이 공통의 목표와 비전을 공유할 수 있는 기반을 마련할 수 있다. 동시에 외부적으로는 지역에 대한 긍정적인 이미지를 새롭게 구축하거나 강화하고, 지역 방문자 수 증가, 투자 유치, 지역 내 경제 활성화 등과 같은 중요한 성과를 달성할 수 있다.

따라서 문화 클러스터는 단순히 문화적 자산을 활용하는 것을 넘어서, 지역 사회의 변경된 요구와 기대에 전략적으로 대응하고 지역의 문화적 주체성을 확립하는 중요한 과정이다. 지방 정부가 자신의 문화적 아이덴티티를 명확히 하고, 그 아이덴티티를 바탕으로 지역 문화의 독특한 가치를 개발, 보존 및 홍보하는 것을 우선시하는 작업으로, 지역 브랜드를 강화하고 지역 경제와 사회에 긍정적인 변화를 가져오는 핵심적인 전략이 될 것이다. 문화 클러스터는 지역 발전의 새로운 동력이 되며, 지역 주민들의 삶의 질 향상과 지역의 지속 가능한 성장을 이끌어내는 중요한 역할을 하게 될 것이다.

우리나라의 일반적인 지역 문화자원은 〈표 1〉과 같다. 오늘날과 같은 산업화의 빠른 변화 속에서는 문화, 관습, 설화 및 지역 출신의 유명 인사 등도 지역의 핵심적인 자원이 될 수 있으며, 이러한 요소들은 지역 문화의 이미지를 형성할 때 중요하다.

지역자원의 분류와 평가항목

대분류	중분류		세부항목
눈에 보이는자원 (가시화)	자연자원	지리적자원	지질, 거리, 지세, 위치
		기후적자원	강수, 해수, 조류, 눈, 비, 등 산, 강, 바다, 해안, 토지, 임업지, 경관, 등
		자연자원	풍경, 수목림, 어종, 지열, 지하수, 등
	문화자원(정량)	역사자원	사찰, 성, 역사자료관, 역사유적지, 문화재, 역사적건조물, 박물관
	산물자원	사회경제적 자원 지역 특산물	미술관, 천연기념물, 관광자원, 제도, 등 농축수산물, 각부산물, 토산품, 전통공예품, 가공품 등
눈에 보이지 않는 자원 (비가시화)	자연자원A	기후적자원	공기, 바람, 빛, 온도 등
	문화자원(정성)	지역성	인정, 전설, 전통, 풍속, 민화, 습성, 방언 등
	인적자원	(정량)	인구수, 세대수, 연령분포, 직업, 소득 등
		(정성)	인물, 달인, 취미, 라이프스타일, 기술 등
	정보자원	비가시적	정보화(IT), 임의 소속단체, 지역출판물 등

〈표 1〉 지역개발디자인 및 지역아이덴티티와 지역이미지 형성, 출처 : 박억철, 건국대

문화란 어릴 때부터 스폰지처럼 자연스럽게 흡수되어야 한다. 생활권역을 중심으로 문화 기반을 확충함으로써 문화를 향유 할 수 있는 기회를 확대하고, 이용률 제고 등 운영의 효율화도 병행추진해야 한다. 지자체(地自體)가 스스로 지역 발전 전략에 입각하여 문화, 특산품, 관광자원 개발에 대한 계획을 수립하고 우선순위에 따라 집중적으로 투자를 함으로써 투자 효율성을 제고하여야 한다.

우리 조상들로부터 물려받은 무형 예술품과 조형물에 깃든 전통적인 아름

다음은 지역의 독특한 문화 현상을 포괄하고 있는 중요한 요소이다. 이러한 문화 현상은 지역의 역사와 밀접한 관련을 가지며, 세대를 거쳐 전승되어 온 전통적 문화유산의 집합체라고 할 수 있다. 이 전통적 문화유산은 넓은 의미에서 단순한 연례 축제나 문화제, 예술제, 전국 민속예술경연대회의 개최에 그치지 않고, 지역의 역사와 전통에 직접적으로 연결되어 대중들 사이에서 공감대와 인식의 공유를 이루어내며, 지역사회의 정체성을 형성하는 중요한 역할을 한다. 하지만 이러한 전통적 요소들을 현대 사회에서 좀 더 체계적으로 보존하고 대중화하기 위해서는 이를 문화 클러스터의 형태로 조직화하고 다원화하는 전략이 필요하다. 문화 클러스터는 지역의 고유한 문화 자산을 바탕으로, 해당 지역 내외의 다양한 주체들과의 연결을 통해 새로운 문화적 가치와 경험을 창출하며, 문화의 실생활 속 통합과 혁신을 추진하는 역할을 한다. 이 과정에서 지역 문화의 다양성과 창의성이 강화되며, 전통과 현대가 어우러진 새로운 문화 콘텐츠가 탄생할 수 있다.

결론적으로, 문화 클러스터는 전통적인 문화유산을 현대적 맥락에서 재해석하고 활성화시킴으로써 지역 문화를 보다 넓은 범위로 확장시키고, 지역 사회와 글로벌 커뮤니티를 연결하는 중요한 수단이 된다. 이를 통해 지역의 문화적 정체성이 강화되며, 지역 주민들은 자신들의 문화를 더 깊이 이해하고 소중히 여길 수 있게 된다. 또한, 이러한 문화 클러스터는 지역의 경제적 발전에도 기여하며, 지역 내외의 관광객과 투자자를 유치하는 데 중요한 역할을 수행하게 된다.

각 지역마다 시간이 지나며 잊혀져가는 고유한 문화들이 존재한다. 이러한 고유문화의 복원과 올바른 전승은 지역 정체성의 확립과 문화적 유산의 보존에 있어 필수적인 과제이다. 지역 고유의 문화를 발굴하고 이를 기반으로 한 코어(Core) 브랜드를 개발, 계승하는 과정은 그 지역의 독특한 핵심 브랜드를 만들어내고, 해당 지역의 이미지와 가치를 높일 수 있는 중요한 전략이다. 이렇게 구축된 브랜드는 지역의 상징과도 같은 역할을 하게 되며, 지역을 대표하는 핵심적인 이미지로 자리 잡게 된다.

무엇보다 중요한 것은 지역 브랜드의 이미지를 구축하기 위해, 변화하는 사회의 요구와 트렌드를 지역 문화에 흡수하고 반영하는 것이다. 이 과정에서 현지 지역 주민이 해당 문화와 브랜드에 대한 일체감과 소속감을 느끼도록 하는 것이 매우 중요하다. 지역 주민의 참여와 지지 없이는 지역 브랜드의 진정한 가치와 의미를 전달하기 어렵다. 따라서, 지역 주민이 브랜드의 일부라고 느끼고 그것을 자랑스러워하며, 외부에 알릴 수 있는 환경을 조성하는 것이 필수적이다.

더 나아가, 지역 내 특산품과의 긴밀한 관계성을 구축함으로써 지역경제의 활성화와 발전을 촉진할 수 있다. 지역 특산품과 연계된 브랜딩 전략은 지역 경제에 직접적인 자극을 주며, 이를 통해 외부 효과까지 창출할 수 있다. 이러한 외부 효과는 관련 지역 산업의 발전을 이끌며, 지역 간의 경쟁력을 강화하는 데 중요한 역할을 한다. 결국, 이 모든 과정은 지역 브랜드의 가치를 향상시키고, 지역 문화의 지속 가능한 발전을 도모하는 데 기여하며, 궁극적으로 지역사회와 경제에 긍정적인 영향을 미치게 된다.

문화 클러스터(Cluster) 유형별 연구

문화 클러스터의 유형은 접근자의 견해에 따라 다양하다. 오늘날에는 지역의 고유한 특산물, 문화유적, 자연유산, 축제, 이벤트 등을 지역 브랜드로 개발하는 작업이 활발하게 추진되고 있다. 지역 브랜드를 개발하고 유형별로 문화 클러스터를 개발함으로써 효율적으로 관광자원을 개발하고 투자자를 유치하여 주민의 소득을 증대시킨다. 또한 지역산업(local industry, 地域 産業)을 발전케 함으로써 삶의 질을 향상시킬 뿐만 아니라 동시에 주민들이 지역에 대한 자부심을 갖게 하고자 하는 것이 지역 문화 클러스터 개발 목적이다.

❖ **문화와 클러스터 유형**

문화 클러스터의 발달은 다양한 유형을 가지고 있으며, 홍대나 대학로와 같이 자생적으로 시민들의 지속적인 요구와 활동에 의해 오랜 기간 동안 자연스럽게 형성되고 변화해 온 문화 클러스터가 대표적인 예이다. 이러한 클러스터들은 특히 수도권에서 지역적 특성과 부동산 가치의 급격한 상승, 개발의 압박 등으로 인해 급속도로 상업화되는 경향을 보이고 있다. 문화적 가치와 상업적 가치 사이의 긴장을 초래하며, 지역의 문화적 정체성과 지속 가능한 발전에 영향을 미칠 수 있다.

반면에, 지방의 문화 클러스터는 주로 정부 차원에서 조성되고 있는 경우가 많으며, 단순히 '문화 클러스터'를 목적으로 하는 것이 아니라, 문화와 그 지역민의 일상생활 공간을 통합하는 목적으로 도시재생 프로젝트와 전통시장 활성화 정책 등이 연계되어 추진되고 있다. 이러한 접근 방식은 문화 클러스터를 단지 문화산업의 집합체로 보는 것이 아니라, 지역사회의 살아있는 문화와 역사, 전통을 존중하고 보존하는 동시에 현대적인 요소와 결합하여 지역사회의 장기적인 발전을 도모하는 전략이다.

이러한 문화 클러스터의 발전은 지역 경제의 활성화뿐만 아니라 지역민의 문화적 삶의 질을 향상시키는 중요한 요소가 된다. 지역 주민들이 문화적으로 풍부하고 활기찬 환경에서 생활하게 되면, 이는 공동체의 연대감을 강화하고 지역에 대한 애착을 높이는 결과를 가져오게 된다. 따라서, 문화 클러스터의 조성과 발전은 단순한 문화적 활동의 집합이 아니라, 지역사회의 총체적인 발전을 위한 포괄적인 전략으로 접근해야 하는 중요한 과제이다.

국토교통부의 분류에 따르면, 국내 문화 클러스터는 크게 자생형, 민간주도형, 정책지원형의 세 가지 주요 유형으로 나뉜다. 자생형 문화 클러스터는 특히 서울 및 수도권 지역에서 발견되는 경향이 있으며, 해당 지역에 젊은 예술가들이 상당수 거주하고 있기 때문이다. 이 유형의 클러스터는 스스로 자립적으로 성장하고 있으며, 창작 활동을 통한 수익 창출이 가능한 구조로 발달하고 있다. 이들은 주로 활기찬 예술 공동체를 형성하며, 문화적 다양성과 창의적 에너지가 풍부한 환경을 제공한다.

민간주도형 문화 클러스터는 대개 농어촌 지역에 위치하며, 해당 유형의 클러스터가 단지 조성을 위해 넓은 토지와 기반 시설을 필요로 하기 때문이다. 비록 서울이나 수도권에 비해 접근성이 다소 떨어질 수 있으나, 이러한 클러스터는 넓은 지역에 걸쳐 분포되어 있어 현대인들이 도시 생활에서 벗어나 자연 속에서 휴식과 영감을 찾는 데에 적합한 힐링의 공간을 제공할 수 있다. 또한 지역 경제를 활성화하고, 지역 문화의 보존 및 발전에 기여할 수 있는 잠재력을 가지고 있다.

정책지원형 문화 클러스터는 입지 패턴이 대도시와 농촌 지역으로 나뉘며, 대도시에 위치한 클러스터는 주로 도시재생을 목적으로 조성되는 경우가 많다. 버려진 공간이나 노후화된 도심을 활성화하고, 문화 예술을 통한 지역사회의 재생을 도모하는 사례들이다. 반면, 농촌 지역에서는 폐교나 유휴 시설을 활용하여 문화 클러스터를 조성하는 경우가 많으며, 주로 지방자치단체의 적극적인 지원과 협력 아래 이루어진다. 이런 접근은 지역 문화의 부흥과 지역사회의 참여를 촉진하며, 폐허가 될 위험이 있던 공간에 새로운 생명을 불어넣는 중요한 전략이 될 수 있다.

구분	자생형	민간주도형	정책지원형
입지특성	· 도심지역 및 공단 등 유휴시설로 지가가 저렴하면서 접근성이 좋은 지역	· 농촌의 폐교, 공간지역 및 신규단지 조성	· 재래시장, 구도심, 폐교공단 등 쇠퇴지역이나 유휴공간
주요특징	· 오랜 시간에 걸쳐 자연스럽게 네트워크 형성하며 역동적이며 강한 내부 응집력을 가지고 있음 · 다양한 지역사회 활동등의 특징 · 젊고 초기 경력의 예술가들이 집적 · 지가가 저렴하면서 접근성이 좋은 지역에 입지	· 입지를 가진 기성 예술가들이 집적 · 창작공간과 주거공간겸용 · 문화시설 등의 유치로 문화자원화 진행	· 도시재생이라는 정책적 목표를 가지고 조성 · 주로 레지던시 사업으로 구성원이 지속적으로 교체 됨 · 민간과 공공의 협력사업으로 추진 · 중앙정부 및 지방자치단체가 문화예술인 지원, 도시재생 등의 정책적인 목표를 가지고 예술가들을 유치함으로써 형성 · 문화체육관광부의 '문화를 통한 전통시장 활성화 사업', '근대산업유산을 활용한 예술창작벨트 조성사업' 등이 추진 중이며, 각 지방자치단체도 문화도시조성사업의 일환으로 추진 · 대부분의 정책지원형 문화 클러스터는 아직 역사가 짧고 예술가들의 네트워크가 취약하여 의도하는 도시재생 효과를 나타내지 못하고 있음
사례	서울 홍대 앞, 대학로, 문래 예술창작촌, 전주 동문사거리, 인천 배다리골, 성수동 창작소 등	· 헤이리 예술인마을, 쌈지스페이스, 안양석수시장, 광주재창작스튜디오, 부산 오픈스페이스 배, 아트팩토리 인 다대포, 금호창작스튜디오, 정선 호촌미술관, 청주 미술창작스튜디오, 담양 예술창작스튜디오, 내설악 예술인마을, 오궁리 미술촌, 제주 저지 예술인 마을 등	· 인천 아트플랫폼, 부산 또따또가, 광주 대인시장, 대구 문화창조발전소 달성군 박달예술인촌, 상주예술촌, 김해예술창작스튜디오, 서울 금천예술공장, 동해 예술인 창작스튜디오, 진해 미술창작스튜디오, 가인예술촌, 진안/무주/정읍 창작스튜디어

〈표 2〉 문화 클러스트 유형

문화는 그 자체로 다양한 경쟁력을 만들어내는 핵심 요소 중 하나이다. 이러한 문화에서 나오는 내적 가치와 외적으로 나타나는 산출물, 즉 내용물에 담긴 콘텐츠의 중요성은 매우 크다고 할 수 있다. 특히, 문화 콘텐츠에는 해당 지역의 독특한 정체성, 전통, 역사, 사회적 가치 등이 반영되어 있으며, 이러한 콘텐츠는 지역의 문화를 대표하고 홍보하는 중요한 역할을 한다. 더 나아가 지역적 및 환경적 특수성이 반영된 문화자원은 해당 지역만의 독특한 매력과 가치를 세계에 전달할 수 있는 중요한 수단이 된다. 이러한 문화자원은 산업적 가치 창출에 있어서 매우 유용한 자산으로 기능하며, 지역 경제의 성장, 지역사회의 활성화 및 지역 브랜드의 강화에 기여하는 핵심적인 역할을 수행한다. 따라서, 지역적, 환경적 특성이 잘 반영된 문화 콘텐츠의 개발과 활용은 지역 경제와 문화의 지속 가능한 발전을 도모하는 데 있어 필수적인 전략이라 할 수 있다. 해당 지역은 국내외에서 인정받는 문화적 경쟁력을 갖추고, 궁극적으로 국가 경제와 사회 전반에 긍정적인 영향을 미치는 지역으로 발전할 수 있게 된다. 하지만, 문화산업의 생산방식은, 아웃소싱(outsourcing)이나 융합(convergence, 融合)이 빈번하게 일어나고 인력구조 역시 매우 개방적인 구조를 갖고 있어서, 프리랜서의 활용이 자유롭게 일어나는 유연한 생산체계를 특징으로 하고 있다. 기술적으로는 디지털 기술을 중심으로 한 첨단 기술 혁신이 산업적으로는 학교, 연구소 등의 R&D 체계가 뒷받침되어야 한다. 이런 문화산업의 특성상, 클러스터를 조성함으로써 생산 구성 요소 간에 긴밀한 네트워크를 형성할 수 있다면, 지역의 문화적 요소와 산업적 기반을 융합하여 어떠한 기업도 빠른 시간 내에 지역의 경쟁력을 확보할 수 있을 것이다.

2001년부터 현재까지 7개 지역(대전, 청주, 춘천, 부천, 광주, 경주, 전주)의 문화산업 클러스터가 지정되었다. 하지만 현재는 기하 급속도로 성장(Growth, 成長)하여 그 숫자를 가늠하기는 쉽지 않다. 특화 분야는 영상, 게임, 만화 출판, 애니메이션, VR(가상현실) 등이다. 이것들은 지역의 문화적 역량 활용과 연관효과로 인해 성장잠재력이 매우 크며, 지역 간 경쟁력 확보가 가능한 분야이다. 그러나 특화 분야와 지역의 문화 역량 사이의 조화 및 산학연 연계 등의 클러스터 성공을 위한 핵심 요소들을 아직 갖추지 못한 상황이다.[7]

<그림 2> 문화 클러스터 유형별 사례

우리나라의 문화 클러스터는 자생형보다는 민간주도형과 정책지원형 문화 클러스터가 많으며, 최근에는 문화 클러스터를 활용해 지방자치단체를 중심으로 폐교나 유휴공간을 활용한 도시재생정책을 추진하고 있는 실정이지만 아직까지 그 효과는 미미한 수준이라고 할 수 있다. 국내 문화 클러스터

---

7) 윤용중, 『문화산업 클러스터를 중심으로』, 한국관광정책.

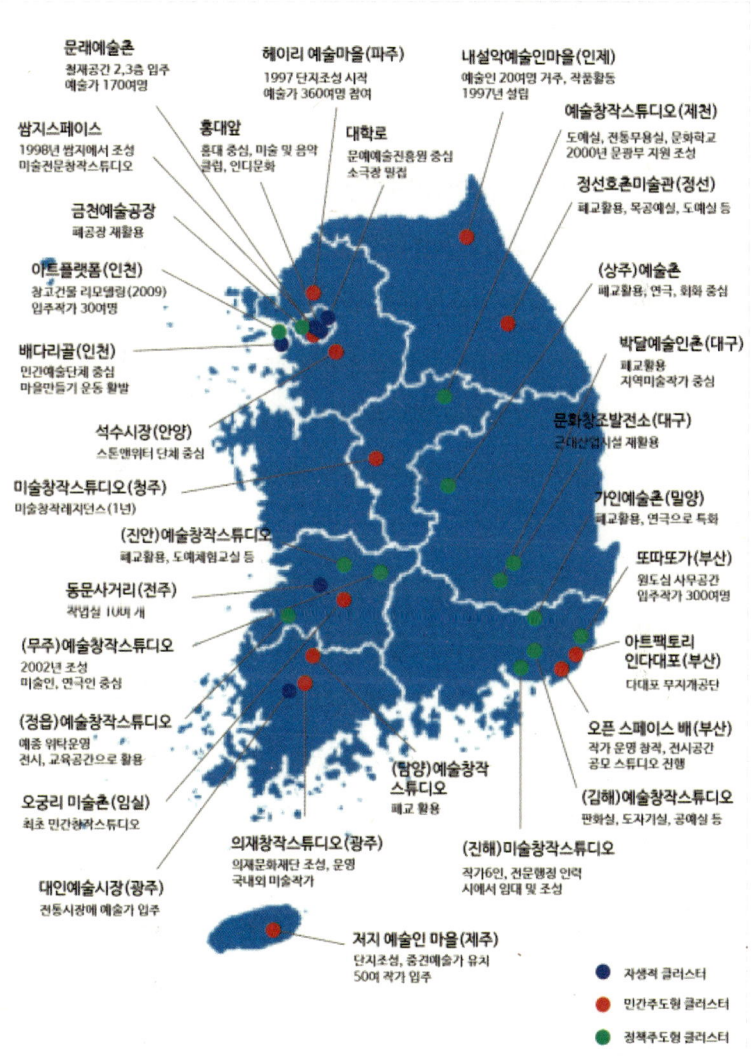

<그림 3> 도시재생을 위한 문화클러스터 활용방안, 국토연구원

는 대체로 역사가 짧고 예술가 네트워크 또한 활성화되지 못하고 있는 실정

이며, 이마저도 상업화 및 임대료 상승과 같은 문제에 노출되어 사라질 위기에 처해있다.

예술가들의 참여와 자발성을 이끌어내는 것, 클러스터를 어떤 장소에 입지 시키고 그 공간을 어떻게 활용할 것인가 하는 점 등 문화 클러스터의 확산을 위해서는 고려해야 하는 점이 너무 많다. 앞으로 문화 클러스터가 더 널리 확산되고, 지역사회에 긍정적인 효과를 창출하기 위해서는 우선 지역사회에 영향력 있는 문화 클러스터를 발굴하고 지원하며, 예술가들의 네트워크와 지역사회를 연계할 수 있는 프로젝트를 개발하고 지원하는 것이 중요하다. [8]

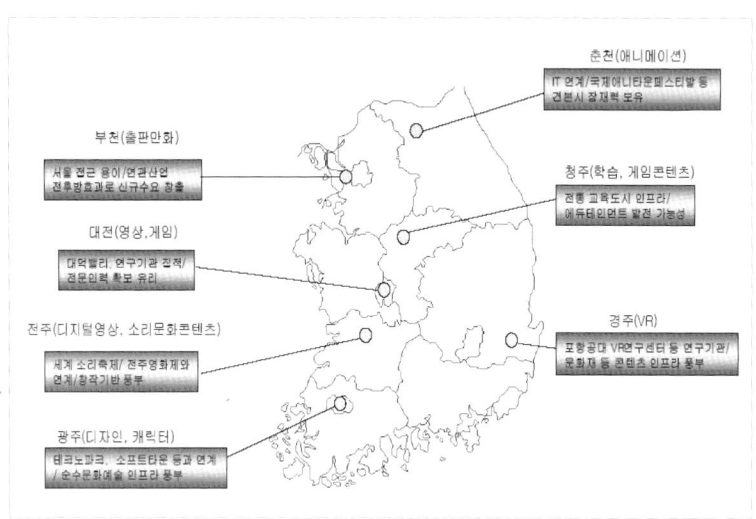

〈그림 4〉 CT클러스터의 발전전략과 정책 방향

---

8) 문화체육관광부, 『문화를 통한 지역재생 정책추진 방안 연구 보고서』.

기존의 클러스터 형성 전략은 주로 특정 산업 분야나 특화된 품목들에 집중되어 왔다. 지역 경제의 특정 산업 분야를 강화하고, 해당 분야에서의 경쟁력을 높이기 위한 전략으로 널리 채택되어 온 것이다. 그러나 최근 문화와 관광이 경제 발전에 중요한 역할을 하면서, 문화 클러스터의 개발이 새로운 관심사로 부상하고 있다. 이는 문화와 예술이 지역경제에 미치는 영향을 인식하고, 이를 통해 지역의 다양성과 창의성을 증진하며 지역 경제를 활성화하고자 하는 시도이다.

그렇다면, 과연 우리나라는 문화 클러스터를 개발할 수 있는 조건을 갖추고 있을까요? 이에 대한 답변을 찾기 위해서는 우리나라 각 지역의 문화적 자산과 잠재력을 면밀히 조사하고 분석하는 것이 중요하다. 문화관광부에서 제시한 지역별 주요 핵심 이미지 자료들은 각 지역의 독특한 문화적 특성과 관광 잠재력을 반영하고 있으며, 문화 클러스터 개발의 기초 자료로 활용될 수 있다. 이러한 자료를 바탕으로, 지역별로 문화 클러스터를 구상하고 개발하는 전략을 수립하면, 각 지역의 문화적 정체성과 경쟁력을 강화할 수 있을 것이다. 결론적으로, 우리나라는 다양한 문화적 자산과 강력한 문화 산업의 기반을 가지고 있으며, 문화 클러스터를 개발할 수 있는 충분한 조건을 제공한다. 각 지역의 고유한 문화적 특성과 장점을 활용하여 문화 클러스터를 조성하고 발전시킨다면, 이는 지역 경제의 새로운 성장 동력이 될 뿐만 아니라, 국내외 관광객을 끌어들이는 중요한 요소가 될 것이다. 따라서, 지역별 문화 클러스터의 전략적인 개발과 활성화는 지역의 문화적·경제적 발전에 크게 기여할 수 있을 것이다.

문화단지 지역 지정 현황 1차

지역별	주요산업분야	주요사업계획	위치 및 부지규모
대전	영상, 게임	·영화, 방송 오픈세트장,스튜디오, 게임체험장, 게임 아카데미, 전시관, 사업기관	·서구,유성구 일원(EXPO 공원 중심)(약 1,000천 평)
춘천	애니메이션	·종합정보센터, 연구제작발표, 이벤트가든	·춘천시 서면, 현암리,금사리, 일원(약 61천 평)
부천	출판만화	·국제애니메이션 박람회	·부천시 원미구 상동 454번지 (약 67천 평)
청주	게임	·콘텐츠아카데미, 멀티플상영관, 물류 및비즈니스센터	·청주시 내덕동 (담배원료공장 부지)(약 23천 평)

〈표 3〉 문화단지 지역의 지정 현황 1차 지정

문화단지 지역 지정 현황 2차

지역별	주요산업분야	주요사업계획	위치 및 부지규모
대전	영상, 게임	·영화, 방송 오픈세트장, 스튜디오, 게임체험장, 게임 아카데미, 전시관, 사업기관	·서구, 유성구 일원(EXPO 공원중심)(약1,000천평)
춘천	애니메이션	·종합정보센터, 연구제작발표, 이벤트가든	·춘천시 서면, 현암리, 금사리, 일원(약61천평)
부천	출판만화	·국제애니메이션 박람회	·부천시 원미구 상동 454번지 (약 67천평)
청주	게임	·콘텐츠아카데미, 멀티플상영관, 물류 및비즈니스센터	·청주시 내덕동 (담배원료공장부지)(약 23천평)
광주	디자인,캐릭터,공예	·영상예술센터, 문화상품개발센터, 이벤트플라자, 콘텐츠개발센터	·동구 금남로, 남구 사직공원 일원(약65천여평)
경주	VR기반사업	·사이버체험관, 문화전시관, 문화벤처관,V R랜드등	·경주시 천군동 (세계문화엑스포공원)(약 167천여평)
전주	디지털영상, 소리문화	·디지털영상미디어센터, 소리컨텐츠센터, 영상엔터테인먼트몰등	·전주시 완산구중노 송동, 남노송동 일원(약 2만여평)

〈표 4〉 문화단지 지역의 지정 현황 2차 지정

문화(Culture, 文化)와 문화산업은 어원부터 차이가 있지만, 광주문화백서에 따르면 문화산업이 좁은 영역이라면 문화는 광범위한 영역이다. 문화 산업은 좁은 의미로, 문화와 예술분야에서 창작되거나 상품화되어 유통되는 모든 단계의 산업을 의미하고, 이윤추구가 궁극적인 목적이다. 다른 한편으로

클러스터	중점 산업	성공 요인
호주 멜버른	문학 콘텐츠	· 기존 문화적 자원의 강화 · 적극적인 시민 참여 · 문학 산업 중심으로 관광 · 소비와 연계 활성화 · 네트워크 집적효과 창출 · 주 정부와 시의 지속적인 지원
캐나다 몬트리올 생 미셸 지구	공연 콘텐츠	· 콘텐츠의 생산, 유통, 소비 과정이 집적된 클러스터 환경조성 · 교육기관설립을 통한 전문 인력 육성 · 공공부문과 기업, 민간의 협력체제 구축
영국 브래드포드	영화 산업	· 영화산업의 전통성을 활용 · 산학연계를 통한 전문인력 양성 · 시민교육을 통한 노동인력 양성 및 사회문제 해소 · 국내외 네트워크 구축
아르헨티나 부에노스아이레스	디자인 콘텐츠	· 사회구조의 다양성 활용한 디자인 산업 육성 · 공공부문의 정책 지원과 민간부문의 투자
호주 뉴 사우스 웨일스	영상 콘텐츠	· 정부의 적극적 지원 및 지속적인 정책마련 · 산학 연계를 통한 인력양성 · 세계적인 영상기술업체 유치를 통한 집적효과 창출
미국 뉴욕 실리콘 앨리	뉴 미디어	· 공동체적 네트워크에 기반 · 민간의 활발한 지원과 산학연 연계 · 정부의 각종 인센티브 제도와 도심 구건물의 재개발 지원정책
영국 셰필드	문화 및 미디어 산업	· 지방자치단체의 전략과 의지와 효과적 재원확보 · 현실적인 업종선정과 복합화 · 도시 내 구 공업지역의 재개발 · 지역대학과의 산학협동체제 · 도시 내 문화산업기반 활용

미국 할리우드	영화 산업	· 인적 네트워크 간의 유기적인 연결 · 비전 제시자들의 역할 · 허브로써의 대형 스튜디오인 메이저의 역할 · 산학협동으로 인적자원 양성 및 양질의 콘텐츠 개발 · 구성 주체간의 상생적 생태계 구성
중국 인상 프로젝트	공연 콘텐츠	· 지역만이 지니는 문화와 특성을 공연 콘텐츠 무대로 활용, · 지역 주민을 공연에 활용함으로써 고용창출 · 지역의 고유한 이야기를 스토리텔링
프랑스 낭뜨 루아르강	전시 산업	· 장소의 특성을 최대한 고려한 수변 공간 활용 · 지역 내 주체들의 참여 및 의견개진을 통한 사업 추진력 제고 · 중앙정부 의존적이 아닌 지역 내생적 개발모델 구축 · 강을 매개로 한 지자체 간 통합적 관광 마케팅
일본 나오시마	전시 산업	· 미술관의 설립을 통한 지형과 문화의 조화 · 섬 지역을 활용한 조화로운 시설 및 프로그램 · 일상을 예술 공간으로 발전시킴

〈표 5〉 문화단지 해외 사례

문화(Culture, 文化)는 이윤추구보다는 지역의 공간적 이미지를 지키며 매력적인 힘으로 사람들이 그 지역을 방문하게 만드는 것이다. 즉 전통과 역사성, 환경적 요인 등을 생각하여 제품을 만들며 거래하는 것을 문화라 한다. 문화 클러스터는 주관자의 지식과 견해에 따라 차이가 크며, 현시점에서는 문화적 위상이 상이하고 문화라는 개념 자체가 모호하다.

〈그림 5〉는 문화와 문화산업의 상관관계로서 그 성장요인에 따라 그리고 산업구조에 따라 다름을 알 수 있다. 본서에서는 문화라는 좀 포괄적인 면을 다루기 때문에 난해할 수 있다.

▎지역산업 상관관계 및 성장요인

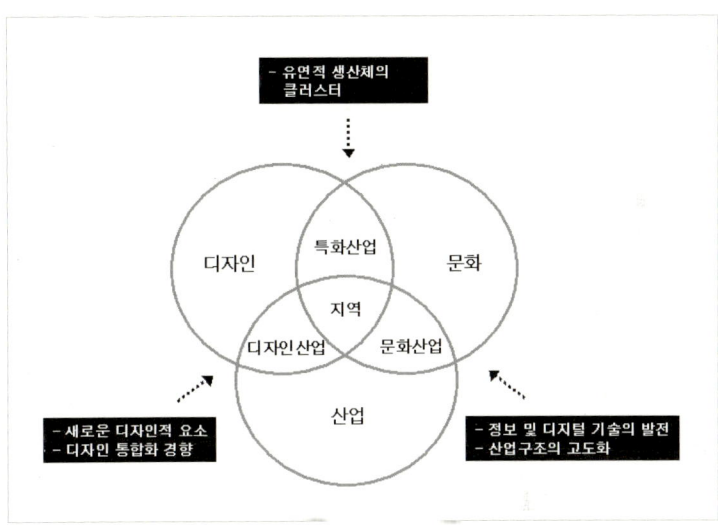

〈그림 5〉 지역산업 상관관계, 출처 : 광주문화백서

▎해외 클러스터의 성공 요인 분석[9]

해외 클러스터의 성공을 이끌어내는 다양한 요인들이 있다. 산업 집중도는 특정 산업 분야에 기업들이 집중함으로써 클러스터를 형성하여 상호 혜택을 얻을 수 있으며, 기술 혁신과 지식 공유를 촉진한다. 경쟁 우위는 클러스터 내 기업들이 협력하고 경쟁하여 국제 시장에서 우위를 점할 수 있다. 이는 비용 절감, 품질 향상, 혁신 촉진 등을 통해 이루어질 수 있다. 지원 인프라는 클러스터가 성공하기 위해 필수적인 요소로, 운송, 통신, 인프라 등의 기반

---

9) 지역 문화산업 클러스터 실태조사, 한국콘텐츠진흥원.

시설과 공공 서비스의 지원이 중요하며, 인적 자원은 고품질의 인재와 전문가가 클러스터 내에서 유입되고 유지되어야 한다. 이때 연구 개발, 기술 혁신, 비즈니스 개발 등에 있어 중요한 역할을 한다.

정부 정책 및 지원은 클러스터의 성장과 발전을 촉진하기 위해 중요한 요소이다. 세제혜택, 보조금, 연구 자금 등의 지원은 클러스터 회원들에게 유리한 환경을 조성할 수 있다. 또한 국제적 시장 접근성은 성공적인 해외 클러스터에게 중요한 요소로, 무역 협정, 해외 진출 지원, 외국 투자 유치 등을 통해 국제 시장에 접근할 수 있어야 하며 혁신 및 연구 활동은 클러스터가 경쟁력을 유지하고 높이기 위해 필수적이다. 이를 위해 기업 간 협력과 지식 공유가 촉진되어야 한다.

해외에서 성공한 클러스터의 사례를 지역별로 살펴보면 다음과 같다. 아시아의 싱가포르는 높은 기술력과 효율적인 정부 지원으로 유명한 클러스터를 보유하고 있다. 특히 바이오의약품 및 생명과학 분야에서는 '바이오폴리스'가 주목받고 있으며, 정부의 적극적인 투자와 협력 정책으로 성공적인 생태계를 구축하고 있다. 미국의 실리콘 밸리는 혁신적인 기술과 벤처 캐피털이 집중된 클러스터로 유명하다. 미국 서부 캘리포니아 지역에 위치하며, 고등교육 기관과 기업 간의 밀접한 협력, 창의적인 기업 문화, 그리고 벤처 캐피털의 풍부한 자금이 클러스터의 성공에 기여하고 있다. 미국의 케임브리지(Cambridge), 매사추세츠주의 케임브리지는 하버드 대학교와 매사추세츠 공과대학교(MIT)를 비롯한 고등교육 기관과 기술 기업들이 집중된 클러스터이다. 높은 수준의 연구 및 혁신 활동을 통해 바이오테크놀로지, 의료 기기 및 정보 기술 분야에서 세계적인 성과를 거두고 있다.

유럽의 스웨덴의 스톡홀름은 IT 및 스타트업 클러스터로서 유럽에서 주목받고 있다. 특히 스웨덴 정부의 혁신 지원 정책과 고도의 디지털 인프라가 스톡홀름을 세계적인 기술 혁신 중심지로 만들었다. 이러한 클러스터들은 각 지역의 특성과 자원을 활용하여 성공적인 경제 생태계를 구축하고 있으며, 지역 내의 기업 및 기관 간의 협력과 지원이 그들의 성공에 큰 역할을 하고 있다.

❖ 문화 클러스터 자원의 유형

| 지역 자원 중심형

지역 자원이란, 특정 지역 내에서 이용 가능한 다양한 자원을 의미한다. 이는 지역이 보유하고 있는 인적, 물적 자산을 포함하며, 그 범위는 자연환경 요소인 강, 하천, 호수, 산, 성지와 같은 자연 지리적 요소에서부터, 환경, 기술, 정보 등의 물리적 및 기술적 자원에 이르기까지 매우 광범위하다. 또한, 인구, 사회조직, 교육 수준, 문화적 자산 등과 같은 사회 경제적 자원도 포함되며, 이러한 자원들은 지역의 개발과 성장, 지역사회의 복리 증진에 중요한 역할을 한다.

이러한 자원들을 통칭하여 하드웨어적 자원이라고 하는데, 이는 단순히 물리적인 형태만을 의미하는 것이 아니라, 지역의 포괄적인 발전 가능성과 잠재력을 내포하고 있다. 이러한 자원들은 지역의 특성과 정체성을 구성하는 기본 요소이며, 각 지역의 특색과 우위를 나타내는 중요한 지표가 된다.

뿐만 아니라, 각종 시설물, 역사 유적지, 문화재, 공공기관 등과 같은 인공물도 지역 자원으로 분류될 수 있다. 이러한 인공물들은 시간이 지남에 따라 사회의 변화나 그 문화적, 역사적 가치의 재평가에 따라 그 가치가 달라질 수 있다. 따라서, 지역 자원의 발굴, 보존, 개발, 활용은 지역의 지속 가능한 발전과 경제적 성장, 사회적 안정, 문화적 풍요로움을 도모하는 데에 필수적인 요소가 된다. 지역 자원의 효과적인 관리와 활용은 지역사회의 발전뿐만 아니라, 지역민의 삶의 질 향상과 지역의 경쟁력 강화에도 중대한 영향을 미치게 된다.

▎지역 자원의 유형도

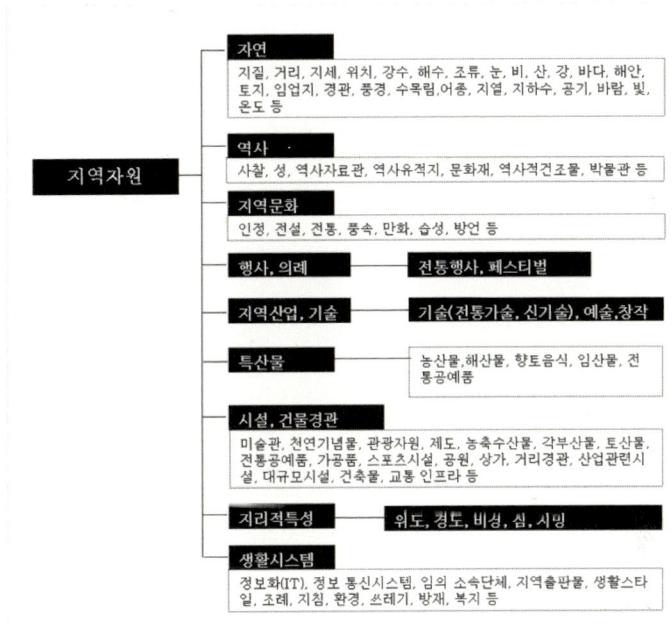

<그림 6> 지역 자원 유형도

▎역사적 자원

역사적 자원은 역사적 인물, 사건, 사실, 유적, 유물 등으로 구성되어 있어 매우 다양하다. 우리 조상들의 얼과 정신이 담긴 유적 및 유물을 포함한 자연학습장을 개발함으로써, 다수의 사람이 이러한 새로운 공간을 방문하게 된다. 이러한 공간에서는 오감을 통해 역사적 유적지와 유물을 체험하면서, 우리의 생활사를 직접 느끼고 경험할 수 있다. 이를 통해 체험적 학습의 효과를 증대시킬 수 있다. 이런 공간에는 발화석, 사냥용 도구, 밀개, 돌날 등의 고고학적 유물부터 전통적인 민속 관혼상제의 재현, 서당 및 민속놀이의 재현, 옛 상거래 도구, 전통 악기, 과거 화폐 등을 다양하고 방대하게 전시할 수 있다. 방문자들이 민속 생활상을 직접 체험함으로써, 경험을 통해 얻은 지식이 더욱 오랜 시간 동안 기억에 남도록 하며, 이는 구전을 통한 정보 전달의 효과를 높일 수 있다.

소비자들은 이러한 상호작용을 통해 세계에 대한 자신의 이해를 깊게 하고 지속적으로 발전시킬 수 있으며, 환경에 대한 창의성을 향상시키는 데 기여한다. 결과적으로, 이러한 경험은 지역의 문화적 특성을 강화하는 데 중요한 역할을 한다. 이런 새로운 대상물과 상황은 물론, 이미 익숙한 것들에 대한 비교, 분류, 분석을 통해 지속적으로 의문을 제기하는 과정에서, 환경에 대한 새로운 자극이 발생하며, 이는 관심과 학습 욕구를 높이는 데 기여할 수 있다. 이러한 접근은 지역 문화의 이해와 보존에 중요한 역할을 하며, 지역 공동체와 방문자 모두에게 교육적이고 문화적인 가치를 제공하게 된다.

▌ 환경적 자원

환경자원은 지역을 대표하는 자연 그 자체를 포함하며, 이에는 다양한 생태계의 구성원인 곤충, 온천, 자연경관, 동물 및 기후와 같은 자연 요소 뿐만 아니라, 하천, 바다와 같은 수역 자원까지 포함된다. 환경자원을 효과적으로 활용하여 지속 가능하고 친환경적인 지역을 조성함으로써, 해당 지역에 거주하는 주민들은 자신들이 살고 있는 지역에 대한 강한 긍정적인 정체성과 자부심을 느끼게 된다. 이러한 긍정적인 감정은 주민들로 하여금 지역 발전에 더 적극적으로 참여하게 하고 지역의 문화와 환경 보전에 대한 의식을 높이는데 기여한다.

즉, 지역의 독특한 환경자원은 다른 지역과 구별되는 명확한 지역적 이미지를 창출하며, 해당 지역을 방문하는 외부인들에게도 큰 인상을 남긴다. 이러한 차별화된 지역 이미지는 지역의 관광산업을 활성화시키고, 외부로부터의 경제적 투자를 유치하는 등, 지역 경제에 다양한 긍정적 영향을 미칠 수 있다. 따라서, 환경자원의 보존과 지속 가능한 활용은 단순히 생태적 가치를 넘어서 지역 경제 발전과 주민들의 삶의 질 향상에 기여하는 중요한 요소가 된다. 또한 지역 커뮤니티의 강화와 지역 문화의 번영을 촉진하는 기반이 되어, 지역 주민들과 방문자 모두에게 긍정적인 경험을 제공한다.

요즘 지자체地自體들은 공동의 친환경적인 문화 지대를 개발하고 있다. 예를 들면, 남해안 국제관광벨트의 구축을 위해 목포, 완도, 여수, 남해, 통영, 부산까지 개발 중이며, 동서해안의 '연안관광벨트' 개발도 진행 중이다. 다양한 지역 내 브랜드 성장은 문화성이 높고 진정으로 풍요로운 생활을 위해 공헌할 수 있는 방향으로 정립되어야 한다. 환경의 오염과 산업화로 오늘날 우리는 건강과 안위를 생각하게 되었다. 시민들에게 문화 의식을 형성시키고 여유로운 생활공간을 창출하며, 푸르른 지역 만들기를 추진하기 위해서는 주민들의 협조가 필요하다. 또한 각 지역의 특색을 활용하여 푸른 공간을 연출하는 것이 중요하다. 지역 주민의 의견을 행정 운영에 반영시키는 구조를 구축하고, 개성을 살린 지역 전통물에 대해 애착심과 자부심을 갖는 마을을 조성해야 할 것이다.

환경자원은 지역의 자연환경 그 자체를 포함하며, 이에는 다양한 생태계 구성 요소인 곤충, 온천, 눈부신 자연 경관, 다양한 동물 종류, 특이한 기후 조건, 흐르는 하천 및 광활한 바다 등이 포함된다. 이러한 지역 자원을 효과적으로 활용하여 친환경적인 지역을 조성하면, 그 지역에 거주하는 주민들은 강한 긍지와 자부심을 느끼게 된다. 결국 해당 지역이 다른 지역과 차별화되는 독특한 지역적 이미지를 형성하는 기반이 되며, 이러한 환경자원 자체가 그 지역의 중요한 특성이자 장점으로 자리 잡게 된다.

일본의 신이치 지역의 경우를 예로 들어 보면, 자연의 여러 조건과 토지 이용을 결합한 신이치의 심볼(symbol)인 '이와끼산'과 그와 연결된 산들은 우수한 자연자원으로 인정받고 있다. 이와 함께 그 주변의 삼림 구역을 '자연환경 존(zone)'으로 명명하여, 자연스러운 경관과 생태계의 보전, 수자원의 보호를 목표로 삼고 있다. 이러한 접근은 사람과 자연이 상호 공생하는 환경을 조성하는 데 초점을 맞추고 있으며, 지역사회에 긍정적인 영향을 끼치고 있다. 비록 이 사례가 일본 지역에서 가져온 예시이긴 하지만, 이와 같은 모델은 우리나라의 다양한 지역에서도 충분히 적용하고 활용할 수 있는 우수한 자원 활용 방안이 될 수 있다. 이를 통해 우리나라의 지역 자원을 더욱 가치 있게 만들고, 지역의 지속 가능한 발전과 주민들의 삶의 질 향상에 기여할 수 있을 것이다.

에코벨트 조성

우리의 일상생활이 지구 환경에 미치는 영향을 심도 깊게 인식하는 것은 현대 사회에서 중요한 이슈로 부상하고 있다. 이러한 인식을 바탕으로, 각 지역은 자신들이 보유하고 있는 풍부한 역사와 문화적 자원을 활용하여, 지역 고유의 특성을 반영한 독특하고 차별화된 모델을 개발하는 전략을 추진하고 있다. 이 과정에는 재활용 촉진, 에너지 절약, 자연 자원 보호 등의 노력이 포함되며, 이는 결국 녹색 환경, 깨끗한 물과 공기, 그리고 다양한 생물이 조화롭게 공존하는 순환형 지역사회를 조성하는 데 목적을 둔다. 예를 들어, 폐우유팩을 재활용(Recycle)하여 고품질의 재활용 휴지를 개발하는 것과 같은 혁신적인 접근 방식은 다양한 재활용 가능 제품의 개발에 초점을 맞춘다. 중요한 점은, 이러한 재활용 제품들이 단순히 환경친화적인 의미만을 갖는 것이 아니라, 고급 디자인과 사용자 친화적 기능을 통해 소비자들에게 보다 명확하게 어필하며, 이를 통해 환경 보호의 중요성을 널리 전파하고, 지속 가능한 소비 문화를 촉진하는 것이다.

따라서, 각 지역은 지속 가능한 개발을 위해 자체적인 역사와 문화를 바탕으로 한 창의적이고 혁신적인 접근 방법을 모색하며, 지역사회의 생태적, 경제적, 사회적 발전을 도모해야 한다. 또한 지역사회의 자긍심과 자부심을 고취시키고, 지역 주민들이 환경 보호에 적극적으로 참여하도록 독려하는 중요한 기회가 될 것이다.

▎지역 문화(Culture, 文化)적 자원

지역 문화 자원은 그 지역 고유의 전통적인 대중오락, 향토 민속, 문학 및 설화 등, 조상들로부터 이어져 온 독특한 문화적 유산을 의미한다. 해당 지역의 정체성과 역사를 반영하는 중요한 요소로 시대적 배경과 문화적 맥락 속에서 지역 고유의 민속과 전통을 발굴하고 재현하는 것을 목표로 한다. 이러한 과정을 통해 민족 문화의 근원을 찾아내고 보존하며, 이를 후세에게 전승하기 위한 노력이 각 지방자치단체에서 활발히 진행되고 있다. 이는 전통문화의 계승, 발전 및 보급을 위해 필수적이며, 지역 특색에 맞는 다양한 축제 및 토속 문화 행사의 개발을 통해 실현되고 있다.

또한, 삶의 질 향상과 문화에 대한 사회적 관심이 점점 높아짐에 따라, 지역 주민들은 자신들이 살고 있는 지역의 문화자원에 대해 보다 큰 관심과 참여를 보이고 있다. 이러한 변화는 지역사회의 문화 인프라의 현황을 면밀히 조사하고 분석하여, 해당 인프라를 최대한 활용할 수 있는 방안을 모색하고, 지역 문화 자원의 개발을 촉진하는 데 매우 중요한 요소가 된다. 따라서 지역의 문화자원 개발은 단순히 문화적 콘텐츠의 확장이나 보존에 그치는 것이 아니라, 지역 주민들에게 질 높은 문화적 기회를 제공하고, 지역 공동체의 문화적 역량과 정체성을 강화하는 중요한 과정이 된다. 결국 지역 문화의 활성화를 통한 지역사회의 전반적인 발전과 주민들의 삶의 질 향상으로 이어지며, 지역의 지속 가능한 성장과 문화적 번영을 도모하는 데 기여할 것이다.

지역 브랜드 창출형

차별화 差別化되고 독특한 이미지를 가진 지역은 발전하지만, 이러한 특성이 결여된 지역은 발전을 기대하기 어렵다. 지역이 지니고 있는 매력을 개발할 뿐 아니라 지역의 혼이 가미된 지역 브랜드가 지역과 서로 조화로워야만 시너지 효과를 창출하여 세계 일류 지역이 될 수 있다. 따라서, 그 지역만이 가지고 있는 고유의 환경과 문화 예술을 다듬어 차별화하여야 한다. 또한 지역의 자긍심과 애향심을 고취할 지역 브랜드를 적극 홍보 관리하는 시스템의 구축이 필요하다.

지역 브랜드는 '지역 + 상품'의 네이밍을 사용해야 그 지역의 고유 아이덴티티(Identity)를 지키면서 그 지역의 핵심 브랜드로서 자리 잡을 수 있다. 지역 브랜드는 그 지역의 고유한 정체성을 알 수 있어야 한다. 생활의 멋과 여유를 즐길 수 있는 문화의 일상 생활화를 이룩하려면 다양한 주민이 참여하여 문화를 향유할 수 있는 기회를 확대하여야 한다. 예를 들면, 부천의 국제 애니메이션 축제나 각종 이벤트, 캠페인 등에서 지역 주민의 정신적인 면을 엿볼 수 있다. 이를 소프트웨어(Software)적 자원이라고 한다.

지역 메가(Mega) 브랜드

대한민국의 '서울'이라고 하는 브랜드를 뉴욕, 도쿄, 파리 등과 같이 세계적 인 지역 브랜드로 만들기 위해서는 어떻게 할 것인가 하는 고민 끝에 브랜드

2002~2015년 하이서울(Hi Seoul)	2015~2023년 너와 나의 서울	2023~ 서울 마이소울
Hi Seoul	I.SEOUL.U	SEOUL MY SOUL

〈그림 7〉 서울시 브랜드 변화

차원에서 개발된 것이 2002년 '하이서울'이다. 전통과 현대성을 지닌 수도로 서 600년 넘게 발전해 왔지만 친근하고 역동적인 이미지를 보유하고 있는 반면 불균형적인 발전과 친환경적인 요소가 부족하다는 상황 속에서 긍정적인 이미지는 강화하면서 부정적인 이미지를 개선하고자 브랜드 아이덴티티(Identity) 시스템을 새로이 구축하였다. 핵심 아이덴티티는 세계인이 친근하고 역동적으로 활동 할 수 있는 '세계 일류 지역'으로 정하고 이를 보강하는 확장 아이덴티티로 '따뜻한 서울', '편리한 서울', '활기찬 서울'로 규정하였다. 아이덴티티를 실현하기 위한 통합적 마케팅커뮤니케이션 활동을 통

해 서울 브랜드 가치를 제고하고 있다. 스포츠마케팅을 활성화 시킬 뿐만 아니라 '하이서울 페스티벌' 개최라는 국제적 문화 마케팅, 청계천 복원사업, 서울광장 조성 등의 전략적 사업 전개, 적극적인 인터넷 홍보 등 다양한 채널을 이용하여 서울의 브랜드를 국내외적으로 확립해 가고 있다.[10]

이렇게 '하이 서울' 브랜드는 지역 브랜드 관점에서 브랜드 파워를 강화시키고 그 가치를 높이고 있으며 지역 메가(mega) 브랜드로서 성공적으로 구축해 가고 있다. 2005년 새로운 브랜드를 국제공모를 통해 당선된 '너와 나의 서울'로 교체되었고, 2023년에는 '서울, 마이소울'로 교체되었다. 브랜드는 한 시대를 대변한다. 또한 브랜드는 시대의 흐름과 그 시대에 사는 사람들의 눈높이와 트렌드의 변화를 대신하여 끊임없이 변화를 도모하고 있다. 한국의 브랜드는 해외의 유명 기업과 다르게 그 변화의 폭이 매우 크다. 예를 들면 코카콜라는 100년이 넘은 브랜드 임에도 불구하고 그 변화의 폭은 아주 미세하게 바뀌는 반면, 위의 서울 브랜드에서도 알수 있듯이 한국은 브랜드가 획기적으로 변화를 하는 것이 다반사다. 이는 민족성과 시대 흐름, 문화와 귀결된다.

지역 메가 브랜드의 창출과 육성은 지역 경제에 미치는 영향이 크기 때문에, 브랜드 파워를 강화하고 지속적으로 유지하기 위한 체계적인 브랜드 관리가 필수적이다. 이러한 지역 메가 브랜드의 구축은 단순히 특정 제품이나 서

---

10) 매일경제, 『글로벌 브랜드에서 배운다』.
　　손봉선, 『지역 브랜드』, 브랜드메이저.

비스를 넘어서, 지역 전체의 이미지와 정체성을 통일성 있게 부각시키는 전략적 접근을 요구한다. 지역의 다양한 제품과 서비스 브랜드를 하나의 큰 틀 내에서 조화롭게 통합함으로써, 지역의 독특한 가치와 특성을 국내외에 효과적으로 전달하고, 지역 경제의 성장을 촉진하는 중요한 역할을 한다.

또한, 지역 메가 브랜드의 개발은 지역 주민들과 지역 관계자들에게 커다란 긍지와 자부심을 부여하며, 이는 결국 지역 커뮤니티의 사회적 결속력을 강화하고, 지역에 대한 긍정적인 인식을 증진시키는 데 기여한다. 지역 주민들이 자신이 속한 지역의 브랜드에 자부심을 느끼게 되면, 그들은 자발적인 브랜드 홍보 대사로서의 역할을 수행하게 되고, 지역 브랜드의 인지도와 호감도를 더욱 높이는 결과를 가져올 것이다.

따라서, 지역 메가 브랜드 만들기는 단순한 마케팅 전략을 넘어서, 지역의 문화적, 경제적 가치를 극대화하고, 지역의 지속 가능한 발전을 도모하는 포괄적인 전략이 되어야 한다. 이를 위해서는 지역의 문화적 자산과 경제적 잠재력을 면밀히 분석하고, 이를 기반으로 한 통합된 브랜드 전략을 개발하며, 지역 커뮤니티의 참여와 협력을 촉진하는 다양한 활동을 전개해야 할 것이다.

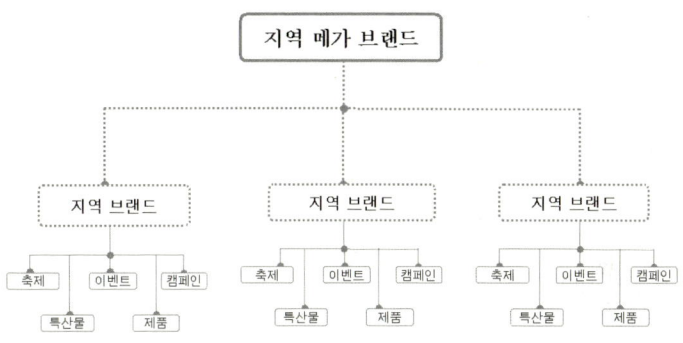

〈그림 8〉 지역 메가 브랜드

▌ 지역 제품 브랜드

지역 브랜드의 개념은 원래 농산물의 대외 경쟁력을 강화하기 위해, 특정 지역의 명칭을 강조함으로써 시작되었다. 점차 지역의 경쟁력을 향상시키기 위한 중요한 수단으로 발전해 왔다. 예를 들어, 이천의 쌀, 제주도의 감귤, 상주의 곶감과 같은 전통공예품이나 특산물들은 그 지역만의 독특한 상품으로 인식되고 있으며, 이러한 제품들은 각 지역의 자연환경, 토양, 기후와 같은 고유한 자원을 바탕으로 만들어진 고급 제품들이다. '상주곶감'의 경우, 상주 지역의 독특한 토양과 기후 조건을 반영한 제품 브랜드로서, 고급스러운 특성을 갖추고 있으며, 이러한 특성은 그 브랜드 가치의 형성에 크게 기여하고 있다.

이러한 지역 제품 브랜드는 단순한 상품이나 자연자원이 아니라, 지역 주민들의 노력과 서비스가 결합된 결과물이다. 해당 지역의 문화적, 경제적 자산을 대표하며, 그 지역의 정체성과 자부심을 상징하는 중요한 요소가 된다. 따라서, 지역 제품 브랜드의 성공적인 육성과 관리는 지역의 브랜드 가치를 유지하고, 국내외 시장에서의 판로 확대와 같은 전국적인 특산품 네트워크 형성에 결정적인 역할을 한다. 이를 통해 지역 경제는 활성화되고, 지역 주민들의 삶의 질이 향상되며, 지역사회의 지속 가능한 발전이 이루어질 수 있다. 이 모든 과정은 지역의 고유한 특색을 보존하고 발전시키기 위한 체계적인 전략과 계획이 요구되며, 지역 브랜드의 성공적인 구축과 관리는 지역의 전반적인 경쟁력 강화와 성장에 중대한 영향을 미치게 된다.

지역색을 전략적 무기로 활용하는 것은 현지의 유명한 요리나 특산품을 통해 잘 나타난다. 예를 들어, 마산의 아구찜, 전주의 비빔밥, 함흥의 냉면과 같은 지역 특유의 요리들은 해당 지역의 문화와 역사를 반영하며, 지역 브랜드의 활성화에 큰 역할을 하고 있다. 이와 마찬가지로, 산지 명칭이나 제품의

〈그림 9〉 상주곶감 이미지

독특한 특성이 상품의 브랜드 가치를 형성하는 데 중요한 기여를 하고 있다. 따라서 순창고추장, 나주배와 같은 농산물 및 그 가공품을 지역의 지적 재산으로 인식하고 보호하는 것은 매우 중요한 일이다. 이러한 보호를 위해 '지리적 표시 보호제도'의 도입과 적용을 검토하는 것은 필수적이다. 이 제도를 통해 산지 브랜드의 전략적 발전을 지원하는 한편, 엄격한 기준과 표시를 요구하는 소비자들의 필요에 부응하며, 제품의 진정성과 품질을 보장할 수 있다.

지역의 차별화를 더욱 명확히 하기 위해 일본과 같은 나라에서는 지역 브랜드 인증제를 도입하여 지역 브랜드의 차별화를 강화하고, 이를 통해 통일된 정책과 지원 체계를 마련하고 있다. 이러한 접근 방식은 지역 상품의 경쟁력을 높이고, 지역 경제를 활성화시키는 동시에, 지역 문화의 보존과 발전에도 기여하고 있다. 지역 주민들에게 더 나은 삶의 질을 제공하고, 지역의 독특한 문화와 전통을 국내외에 홍보하는 중요한 수단이 된다. 따라서, 지역 브랜드의 관리와 발전은 지역 차별화 전략의 핵심이며, 지역의 지속 가능한 발전을 위한 전략적인 접근이 필요하다.

축제(Festival)

1995년부터 외국 관광객 유치와 지역 활성화를 목적으로 문화관광부와 한국관광공사는 문화관광축제 육성 사업을 추진해 왔고, 지난 8년 동안 괄목할 만한 성과를 거두었다고 한다. 전국의 수많은 축제뿐만 아니라, 지역 문화를 관광 상품화할 가능성이 큰 축제를 선정하고 지속적인 지원을 해온 것이다. 이로 인해 마을 잔치에 머물렀던 축제가 외국 관광객이 찾는 국제적인 축제로 탈바꿈하여 성공한 문화관광축제가 다양하게 등장하였다. [11]

지역에 있어 축제는 주민과 주민 사이에 공감대를 형성해 줄 뿐 아니라, 개인적인 차원에서 볼 때는 '질 높은 정신적 삶'을 추구할 수 있게 하는 것이다. 그리고, 사회적인 차원에서 볼 때에는 사회 구성원 간의 동질성 공유를 그 목적으로 한다. 현대 사회가 '우리'라는 개념보다는 '나'라는 해체적 개념이 강한 현실에 비춰볼 때 '우리'를 회복하고 사회 구성원의 동질성과 아이덴티티(Identity)를 확보하려면 문화적 기제(機制)로서 지역 공동체를 바탕으로 하는 축제의 활용이 최적의 방법이 될 수 있다.

해외 사례로 스페인 부뇰에서 매년 8월 넷째 수요일에 개최되는 토마토 전쟁 '라 토마티나(La Tomatina)'는 1944년에 토마토 가격 폭락에 분노한 한 농민이 시의회 의원에게 토마토를 던지는 사건에서 시작되었다. 이 사건은 이후 매년 반복되어, 현재는 전 세계에서 수천 명이 참가하는 대규모 축제로 발전하였다. 이 축제에서 참가자들은 토마토를 서로에게 던지며 즐기는 것이 주된 활동으로, 단순한 놀이를 넘어서 참여자들로 하여금 어린 시절의 동심으로 돌아가게 하는 독특한 경험을 제공한다. 이러한 체험형 축제는 매년 큰 인기를 끌고 있으며, 문화적 콘텐츠 개발의 중요성이 점차 높아지고 있는 현재의

---

11) 조광익, 관광수입감소요인 분석 및 외래관광객 관광지출유도방안연구, 한국관광연구원.

상황에서 더욱 주목받고 있다.

인도의 '홀리(Holi)' 축제도 유사한 체험형 축제의 하나로 꼽히며, 봄을 맞이하여 사랑과 용서를 기념하는 행사로, 참가자들이 서로에게 컬러 파우더를 뿌리며 축하하는 것이 주된 행사이다. 홀리 축제는 참가자들에게 서로 간의 차이를 넘어 화합과 즐거움을 느끼게 하며, 전통적인 의미를 넘어서 현대 사회에서도 사람들이 서로를 이해하고 소통할 수 있는 중요한 기회를 제공한다. 이러한 축제는 참가자들에게 동심의 세계로 돌아갈 수 있는 기회를 제공함과 동시에, 다양한 문화적 배경을 가진 사람들이 서로 교류하고 소통할 수 있는 플랫폼이 되고 있다.

따라서, 라 토마티나와 홀리와 같은 축제들은 지역의 독특한 문화를 국제적으로 알리는 중요한 수단이 될 뿐만 아니라, 다양한 배경을 가진 사람들이 모여 서로의 차이를 이해하고 존중하는 글로벌 문화 교류의 장으로 자리잡고 있다. 해당 지역의 경제적, 문화적 가치를 증진시키는 동시에, 전 세계 사람들에게 독특하고 잊지 못할 경험을 제공함으로써 긍정적인 국제적 인지도를 높이는 데 크게 기여하고 있다.

스페인 라 토마티나(La Tomatina) 축제  인도 홀리(Holi)

〈그림 10〉 해외 축제 사례

우리나라의 각 지역은 그 고유의 문화와 역사를 반영한 다양한 축제들을 개최하고 있다. 예를 들어, 이천에서는 그 지역의 주산품인 쌀을 주제로 한 이천 쌀 축제를 개최하며, 동시에 지역의 전통적인 공예품인 도자기를 축하하는 도자기 축제도 열린다. 이와 비슷하게 강화 지역에서는 화문석 축제와 인삼축제를 통해 지역의 특색 있는 자원을 바탕으로 한 문화 행사를 선보이고 있다. 또한, 우리나라의 역사적 인물을 재현하는 차원에서 장보고 축제, 왕인 문화제, 다산 문화제, 율곡 문화제 등이 각 지역의 특색을 살려 개최되고 있으며, 이러한 축제들은 과거와 현재를 잇는 다리 역할을 하며 지역 주민들에게 큰 자부심을 안겨준다.

이러한 지역 축제들은 단순히 연례행사로서의 의미를 넘어서, 지역사회의 공감대를 형성하고 주민들 사이의 유대감을 강화하는 중요한 역할을 한다. 축제를 통해 지역민들은 공동의 경험을 공유하고, 서로의 삶과 문화를 이해하게 되며, 공동체 의식을 강화하고 지역 정체성을 확립하는 데 기여한다.

또한, 이러한 축제는 지역 경제의 활성화에도 큰 도움이 되며, 지역의 문화와 전통을 보존하고 발전시키는 플랫폼으로 기능하다. 궁극적으로, 이런 축제들은 지역사회에 긍정적인 에너지를 불어넣고, 지역의 문화적 가치를 내외부에 널리 알림으로써, 지역의 지속 가능한 발전을 이끌어내는 중요한 기회가 된다.

▎ 이벤트(Event)

지역화 시대의 도래와 함께, 지방 정부는 지역 주민의 소득 증대, 새로운 고용 기회의 창출, 관련 산업의 활성화와 같은 경제적 가치의 실현뿐만 아니라, 지역 문화의 회생, 문화시설의 개선, 자연환경의 보전과 같은 지역의 문화적 가치의 향상을 기대하고 있다. 자본력에 제한이 있는 지방자치단체는, 이러한 목표를 달성하기 위해 지역 기업과 주민들에게 문화에 참여하고 기여할 수 있는 다양한 기회를 제공하기 위해 이벤트 개발에 주력하고 있다. 소규모 자본으로도 비용 절감의 효과를 누릴 수 있으며, 고부가가치를 창출하는 데 대한 관심을 촉진하는 전략적인 접근이다.

또한, 문화 이벤트의 개발과 진행은 지역 주민들에게 다양한 문화 활동을 제공하고, 이를 통해 상호 교류의 기회를 확대하는 중요한 역할을 한다. 지역사회 내에서의 문화적 이해와 연대를 증진시키며, 지역의 사회적 결속력을 강화하는 데 기여한다. 지역 브랜드 인지도를 높이기 위해서는, 그 지역만의 독특한 핵심 자원을 활용한 창의적이고 매력적인 이벤트를 기획하고, 이를 지속적으로 홍보하며, 전략적인 마케팅 계획을 수립하고 다양한 프로그램을 개발하는 것이 필수적이다.

지역별로 다양한 문화 이벤트가 존재할 수 있다. 예를 들어, 지역의 특색을 살린 노래자랑 대회, 지역 특산품을 전시하는 각종 박람회, 지역 예술가들이 참여하는 음악회나 콘서트 등은 모두 지역 문화를 활성화하고 지역 주민들의 참여를 유도할 수 있는 훌륭한 예이다. 이러한 이벤트는 지역의 문화적 가치와 경제적 잠재력을 발굴하고, 지역의 정체성을 강화하며, 외부에서의 관심과 방문을 촉진하는 중요한 수단이 될 수 있다. 따라서, 지역의 문화적, 경제적 발전을 위해 이벤트의 개발과 운영에 대한 체계적이고 전략적인 접근이 요구되며, 지역사회의 지속 가능한 성장과 번영을 위한 중요한 전략이 된다.

캠페인(Campaign)

지역 단체나 기관 등은 특정한 목적을 실현하기 위해 조직적이고 지속적인 활동을 전개하는데, 이를 우리는 효과적인 캠페인이라고 부른다. 이러한 캠페인은 지역과의 공간적 커뮤니케이션을 활성화시키고, 지역에 대한 호감도를 높이며, 주민들의 참여와 활동을 촉진하는 중요한 역할을 수행한다. 캠페인은 지역사회의 다양한 이슈에 주목하고 이를 해결하기 위한 구체적인 행동 계획을 포함하며, 지역 주민들의 인식 개선과 행동 변화를 유도한다.

예를 들어, 얼마 전에 발생한 낙산사 산불 사건은 우리 고유의 문화유산에 대한 손실로 큰 충격을 주었다. 이에 대응하여, 해당 지역에서는 산불 재난 지역의 피해 시설을 복구하고 지역 경제를 회복하기 위해 '사랑여행 캠페인'과 같은 특별한 캠페인을 전개하기 시작했다. 이 캠페인은 방문객들을 유치하여 지역 경제에 활력을 불어넣고, 피해 지역의 신속한 복구를 지원하는 것을 목표로 한다.

이외에도 지역 단체와 기관들은 금연 캠페인, 독거노인 돌보기 프로그램, 인사 나누기 캠페인, 우리 땅 바로 알기 운동 등과 같은 다양한 캠페인을 통해 지역사회의 문제점들을 해결하고, 건강한 지역사회를 만들기 위한 노력을 지속적으로 전개하고 있다. 이러한 캠페인들은 지역사회의 단합을 촉진하고, 주민들 사이의 긍정적인 상호작용을 증가시키며, 지역의 문제 해결과 발전을 위한 집단적 노력의 일환으로 중요한 역할을 한다. 따라서, 이러한 캠페인들은 지역의 문화적, 경제적, 사회적 발전에 기여함으로써, 지역사회의 전반적인 삶의 질을 향상시키는 데 중대한 영향을 미친다.

문화 클러스터의 구성 요소

문화 클러스터의 구성 요소는 유형 및 무형의 자산 등을 포함하여 다양하게 이루어져 있다. 본서에서는 특히 세 가지 주요 요소에 집중하고자 한다. 첫 번째로, 이미지 메이킹(Image Making),은 지역의 심벌, 지역 주민의 의식, 슬로건, 그리고 브랜드 정체성(Brand Identity) 등을 통해 지역의 이미지를 형성하고 강화하는 과정이다. 해당 지역을 대표하는 시각적, 문화적 심볼을 개발하고, 지역 주민들이 공유하는 가치와 목표를 명확하게 전달하는 데 중점을 둔다. 또한, 효과적인 슬로건과 브랜드 아이덴티티 전략을 통해 지역의 독특한 특성과 정체성을 부각시키며 외부에 전파한다.

두 번째로, 매력 창출(USP Creating)은 관광 상품 개발, 홍보, 관광객 유치를 포함한 일련의 과정에서 형성되며, 이는 지역의 문화 풍토를 조성하고, 문화 유산을 자원화하는 데에 중점을 둔다. 문화유산의 패키지화, 테마 투어 코스의 개발, 문화 지형도의 작성과 같은 활동이 포함된다. 이는 역사와 문화가 살아 숨 쉬는 관광의 매력을 창출하고, 지역의 문화적 가치를 국내외 관광객에게 효과적으로 전달하는 방법이다.

세 번째로, 문화적 구현은 지역 문화 및 환경 특성에 부합하는 적절한 전략을 수립하는 것이다. 지역의 문화적, 환경적 특성을 고려한 종합적인 계획을 통해 실현된다. 역사 문화 테마파크의 조성, 무형문화재의 상설화와 같은 구체적인 프로젝트는 물론, 문예진흥기금의 확보와 같은 재정적 대책 마련까지 포괄한다. 이 과정에서 지역 주민들의 참여와 협력을 유도하여, 지역 문화의 활성화와 지역 경제의 발전을 도모하며, 지역의 문화적 자산이 지속 가능한 방식으로 활용되고 발전할 수 있도록 한다.

▍이미지메이킹(Image Making)

이미지메이킹(Image Making)은 문화예술의 풍부한 장을 지역 내에 창출함으로써, 그 지역을 문화적으로 활성화하는 중요한 과정이다. 이 과정은 지역 특성을 반영한 새로운 문화 심벌의 개발과 지역의 문화적 이미지를 형성하는 CI화 사업을 통해 이루어진다. 지역의 독특한 특성을 살린 일구기와 마을 만들기 프로젝트는 지역 주민과의 긴밀한 연계를 필요로 하며, 지역 내외의 다양한 주체들과의 협력 및 민간 활동의 적극적인 지원을 통해 이러한 이미지메이킹을 실현할 수 있다.

이러한 과정을 통해 지역 문화 자원의 재발견과 이에 기반한 기획 및 연출, 그리고 관계 있는 자치제와의 협력 체계화는 지역의 이미지메이킹에 핵심적인 요소가 된다. 지역은 그 자체의 브랜드 정체성과 본질을 유지하며 강화할 수 있다. 지역이 그 고유의 가치와 매력을 지키고 발전시킬 수 있는 기반이 되며, 동시에 지역 내외에 긍정적인 이미지를 전달하고 지역 경제와 문화의 발전을 이끌 수 있게 한다. 결과적으로, 이러한 지역의 이미지메이킹 활동은 지역의 문화적, 경제적 가치를 상승시키고, 주민들의 자부심을 높이며, 외부에서의 관심과 방문을 유도하는 중요한 역할을 하게 된다. 따라서, 이미지메이킹은 단순한 이미지의 창출을 넘어서 지역 발전의 핵심 동력이 되며, 지속 가능한 지역 발전 전략의 중요한 부분이 된다.

차별화되고 독특한 이미지를 가진 지역 문화는 지속적으로 발전하는 경향을 보이며, 해당 지역의 개성과 매력을 국내외에 성공적으로 전달할 수 있는 중요한 역량으로 인식된다. 반면, 이러한 특성이 결여된 지역은 자신만의 독특한 문화적 정체성을 발전시키고 외부에 알리는 데 어려움을 겪으며, 결과적으로 경제적, 문화적 발전을 기대하기 어려운 상황에 놓일 수 있다. 따라서, 그 지역이 가지고 있는 독특한 이미지와 자산을 적극적으로 활용하여 매력을 창출하는 것은 매우 중요하다. 이 과정에서 'USP(Unique Selling Proposition) Creating' 즉, 독특한 매력 창출이 핵심적인 역할을 한다.

또한, 지역의 정체성과 혼이 반영된 지역 브랜드 개발은 단순한 이미지 메이킹을 넘어서 문화적 요소와 서로 조화롭게 어우러져 시너지 효과를 창출하는 데 핵심적인 요소가 된다. 지역의 역사, 전통, 미술, 음악, 문학, 풍습 등 다양한 문화적 자산이 지역 브랜드와 결합될 때, 그 지역은 자신만의 독특한 매력과 가치를 선보일 수 있게 되며, 이는 궁극적으로 세계 일류의 지역으로 발돋움할 수 있는 계기를 마련한다.

이와 같은 과정은 지역민들의 자긍심과 참여를 촉진하고, 지역 경제를 활성화시키며, 문화적 다양성과 창의성을 장려한다. 그러므로, 지역 문화의 차별화와 지역 브랜드의 강화는 지역 발전의 원동력이 되며, 지역사회, 경제, 문화 모두에 긍정적인 영향을 미치는 중요한 전략이 되는 것이다. 지역의 개성과 정체성을 기반으로 한 차별화된 문화 전략의 실현은, 그 지역을 세계적으로 돋보이게 만드는 중요한 요소가 된다.

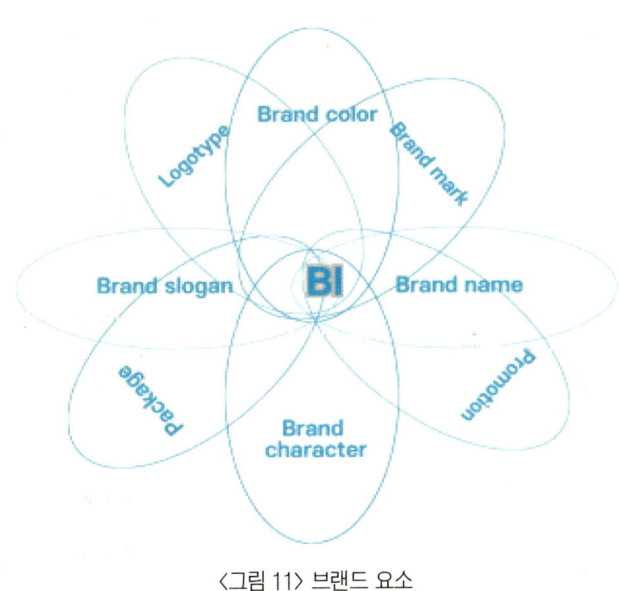

〈그림 11〉 브랜드 요소

▎문화 클러스터 구성 요소

문화 클러스터의 구성 요소는 크게는 지역의 문화적, 경제적, 사회적 자산을 종합적으로 활용하는 다양한 요소들로 이루어져 있다. 이러한 구성 요소에는 지역의 문화 예술 기관, 예를 들어 박물관, 예술관, 공연장, 문화 예술 학교 등과 같은 기관이 포함된다. 이들은 지역 문화의 핵심적인 부분을 이루며, 지역 문화 클러스터의 기반이 되는 문화적 자산이다. 또한 지역의 문화 산업 기업들, 지역 커뮤니티와 주민들 등 문화 클러스터는 종종 지역의 역사적, 자연적 환경에 깊이 뿌리를 두고 있다.

더 세부적으로 접근을 하면 문화 클러스터의 구성 요소는 다양한 차원에서의 접근을 필요로 하며, 이 중에서도 이미지메이킹, 매력 창출, 문화적 구현이라는 세 가지 핵심 기준에 따라 자세히 설명할 수 있다.

첫째로, '이미지메이킹(Image Making)'은 문화 클러스터를 구성하는 중요한 요소로, 지역의 독특한 정체성과 이미지를 창출하고 강화하는 과정을 의미한다. 이 과정에는 지역의 상징적 건축물, 특색 있는 문화 행사, 지역의 테마성, 그리고 효과적인 브랜드 정체성(Brand Identity) 전략의 개발이 포함된다. 지역 문화의 심볼과 슬로건은 그 지역의 역사, 전통, 가치를 반영하여 외부에 전달하고, 이를 통해 지역에 대한 인식을 형성하고 긍정적인 이미지를 홍보한다. 결국 지역의 매력을 내외부에 전파하고, 지역에 대한 관심과 방문을 증가시키는데 중대한 역할을 한다.

둘째로, '매력 창출(USP Creating)'은 지역의 독특한 매력 요소를 개발하고 이를 통해 방문객을 유치하는 전략을 말한다. 문화 클러스터 내에서 관광 상품의 개발, 테마별 투어 프로그램의 기획, 문화 행사 및 축제의 조직화를 포함할 수 있다. 지역의 문화유산을 활용한 패키지화, 테마 투어 코스의 개발은 지역의 역사와 문화를 경험할 수 있는 기회를 제공하며, 지역의 문화적 매력을 창출하고 강화하는 핵심 요소가 된다. 또한, 이 과정은 지역 문화의 다양성과 창의성을 촉진하고, 지역 경제의 성장에 기여한다.

셋째로, '문화적 구현'은 지역 문화 및 환경 특성에 부합하는 적절한 전략을 개발하고 실행하는 과정이다. 지역의 문화적 자산과 환경적 특성을 잘 활용하여 지역사회와 문화 클러스터가 상호 작용하며 발전할 수 있는 방안을 모색하는 것을 의미한다. 지역 문화 예술 기관의 활성화, 지역 문화 교육 프로그램의 개발, 문화적 다양성의 존중 및 보호 등을 포함할 수 있다. 이 과정을 통해 지역의 문화적 환경은 강화되며, 주민들은 자신들의 문화에 대한 이해와 참여를 높일 수 있다.

이처럼, 문화 클러스터는 이미지메이킹, 매력 창출, 문화적 구현이라는 세 가지 주요 구성 요소를 바탕으로, 지역의 문화적, 경제적 잠재력을 최대한 활용하며 지역사회의 지속 가능한 발전을 도모한다. 이러한 요소들은 상호 작용하며, 지역의 문화적 매력과 정체성을 강화하고, 지역을 방문하는 내외부 관광객에게 유니크한 경험을 제공하며, 결국 지역사회의 전반적인 삶의 질을 향상시키는 데 기여한다.

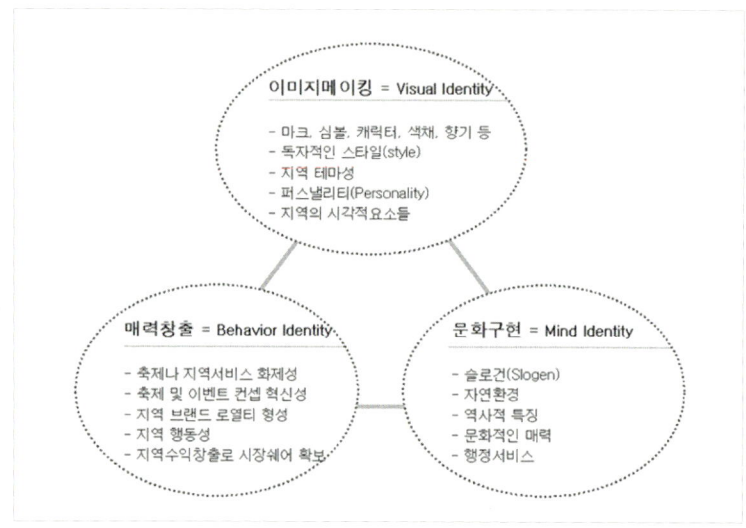

〈그림 12〉 문화 클러스터 구성요소

▌강한 지역 브랜드 이미지 구축의 예

지역 브랜드의 추진에는, 이미지 전략적인 측면과 동시에, 상표권의 취득활용 등 지식적 재산 전략의 측면이 있다. 예컨대 오이타현의 어협이, 수산 물건에서 전국 최초의 상표권을 취득하여, '관서고등어'[12] 의 브랜드화를 진

---

[12] 관서 지역의 고등어는 다른 지역의 고등어와는 달리 쫄깃한 맛이 특징이다. 물에서 건진 직후의 고등어는 살이 단단하며 쫄깃한 맛이 좋기는 하나, 아침에 사들인 것도 밤 9시 경이 되면 조금씩 살이 물러버리기 때문에 가능한 한 빨리 사용하는 것이 좋다. 관서고등어는 익히지 않고 먹을 때의 씹는 맛이 일품이므로 사시미로 만들 경우나 스시로 만드는 경우 모두 초절임을 하지 않는 것이 좋다.

행시키고, 지명도 향상에 따른 어류 품목의 판매 단가 인상을 하는 성공한 사례가 있다. 지역 브랜드의 가치는 단일 제품의 성공을 넘어서, 연관된 다른 상품들에 대해서도 긍정적인 영향을 미칠 수 있다. 예를 들어, '이천 도자기'나 '영덕대게'와 같은 경우, 한 특정 상품의 성공이 지역 브랜드 전체의 가치를 높이고, 결과적으로 관련된 다른 상품들의 가격 상승으로 이어지는 시너지 효과를 경험할 수 있다. 지역 브랜드가 지닌 강력한 마케팅 잠재력을 보여주는 사례이다.

그러나 '지역 이름 + 상품명' 형태의 지명이 들어간 문자 상표는 타인의 상품과 식별력이 부족하다는 이유로 상표 등록이 인정되지 않는 경우가 많다. 단순한 문자 조합만으로는 충분한 브랜드 식별력을 확보하기 어렵기 때문이다. 따라서, 지역 브랜드를 보다 효과적으로 보호하고 홍보하기 위해서는 독창적인 도형, 색상, 기호를 결합한 로고나 상표 디자인을 개발하는 것이 필요하다. 이러한 브랜드 개발 과정에서는 지역의 문화적, 역사적 특성을 반영하고, 독특하고 인식하기 쉬운 시각적 요소를 포함하여, 소비자들이 해당 지역 브랜드를 쉽게 식별하고 기억할 수 있도록 해야 한다.

이 과정은 지역 브랜드의 시장 내 위치를 강화하고, 소비자 인식을 개선하는 데 기여한다. 또한, 강력하고 독특한 브랜드 이미지는 지역 제품의 시장 경쟁력을 높이고, 지역 경제 발전에 기여할 뿐만 아니라, 지역의 문화적 가치와 정체성을 국내외에 효과적으로 전파하는 중요한 수단이 된다. 따라서, 지역 브랜드 개발에 있어서 창의적이고 전략적인 접근이 요구되며, 이는 지역의 지속 가능한 발전과 문화적 유산의 보전을 위한 중요한 단계가 된다.

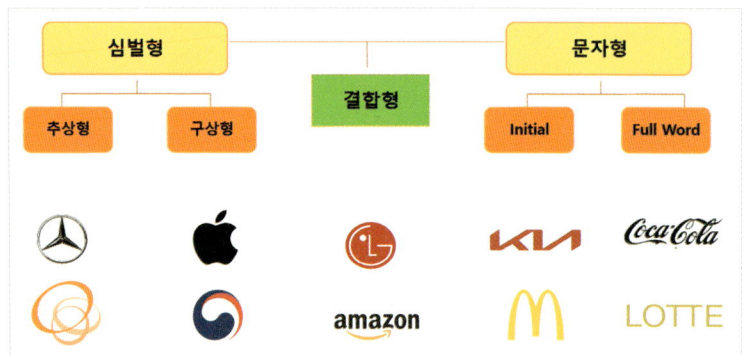

<그림 13> 브랜드 이미지 유형

이처럼, 지역 브랜드의 이미지는 개인의 기억, 감정, 연상 등이 복합적으로 작용하여 체계화된 이미지를 형성하게 됨으로써, 결국 강력한 브랜드 이미지로 자리매김하게 된다. 이 과정에서 소비자들에게 긍정적이고 인상 깊은 이미지를 성공적으로 구축한 지역 브랜드는 시장에서 경쟁 브랜드들과의 차별화를 이루고, 소비자의 신뢰와 충성도를 확보하게 된다. 소비자들의 구매 결정에 큰 영향을 미치며, 경쟁사들이 쉽게 모방하거나 대체하기 어려운 강점으로 작용한다. 따라서, 지역 제품군이 성공적으로 성장하기 위해서는 소비자의 심리를 정확히 파악하고, 그들의 욕구 및 시장의 변화하는 상황을 세심하게 분석하는 것이 중요하다. 이를 바탕으로 지역 브랜드만의 차별화된 포인트를 발견하고, 이를 활용해 시장에서의 기회를 적극적으로 포착하고 활용해야 한다. 또한, 지역 브랜드가 성공을 거두려면 지역의 문화적, 역

사적 가치를 효과적으로 전달하고, 소비자들과의 지속적인 소통을 통해 브랜드에 대한 인식을 깊게 하고, 지역 고유의 특성을 강조하는 등의 전략적인 마케팅 활동을 전개하여야 한다. 이러한 다각적이고 체계적인 접근 방식을 통해, 지역 브랜드는 시장 내에서의 독특한 위치를 확보하고, 장기적인 성공을 위한 기반을 마련할 수 있을 것이다.

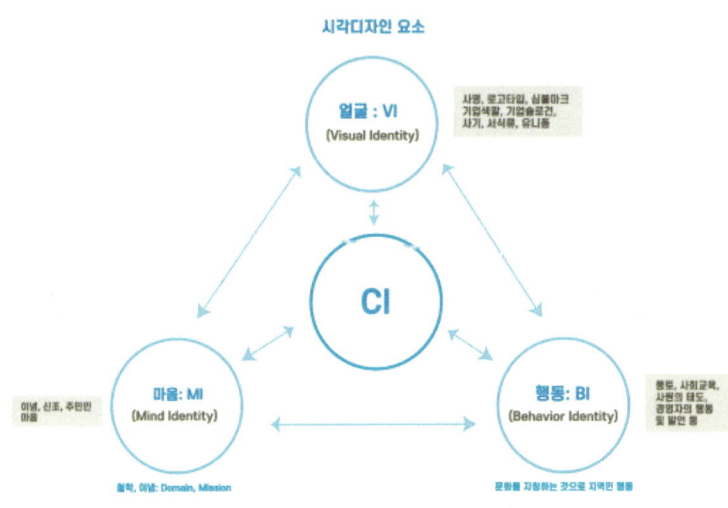

〈그림 14〉 브랜드의 요소

지역 브랜드 이미지창출은 특정 브랜드가 소비자의 감각기관을 통해 받아들여져서 해석되는 어떤 의미를 말한다. 브랜드이미지는 상품이 갖고 있는 감각적 요소와 이성적 요소, 소비자가 느끼는 감정적인 요소와 문화적 지시체계 안에 존재한 지시대상 체계로, 상품의 특징과 직업적인 관계가 없으면서 상품에 어떤 이미지를 주고자 사용되는 상징적 요소들이 복합적으로 작용하여 브랜드의 총체적인 이미지를 만들게 되는 것이다.[13]

지역 브랜드 이미지는 독자적인 스타일(style), 지역 테마성, 퍼스낼리티(personality)가 그 브랜드에서 느껴지는 말의 개념 및 인간적인 특성이고, 지역 주민의 생활양식(lifestyle)과 가치관에 영향을 준다. 지역 주민 이미지, 서비스, 마케팅, 비쥬얼 이미지를 통일화하여 지역을 차별화를 목표로 하는 것이 중요하다. 마크, 심볼, 캐릭터, 색채, 향기 등 이들은 오감을 통하여 뇌에 전달되는 식별 기호이고, 특정한 상품이나 서비스를 생각나게 하는 1차적 커뮤니케이션이다. 이를 브랜드에서 시각적 아이덴티티(Visual Identitly : VI) 라 할 수 있다.

문화 클러스터에서는 우리의 독창적인 문화(Culture, 文化)를 활용한 지역 브랜드를 유지 관리하는 것이 중요한 이슈가 된다. 그러므로 브랜드는 문화 클러스터(Cluster)의 핵심적인 개념으로서 브랜드가 어떻게 지각되어 클러스터에 반영 될 것인가를 생각할 필요가 있다.

---

[13] S.Watson Punn, 『Advetising:Itsrde in Mordern Marketing』, N Y Holt, Renehant and Winston,inc, 1969. p234.

▎매력창출(USP Creating)

친근감, 유대감, 공감대, 애착 등에서 문화 클러스터(Cluster) 요소가 나와야 한다. 따라서 문화적 요소의 파악, 설계 및 철학의 수립, 사용성 등은 문화와 밀접한 관계가 있다. 매력 창출(USP Creating)은 지역 문화를 세계 속에 자리 매김시킴으로써 지역을 활성화시킨다. 지역 문화 뿌리의 시책화 사회 교육, 문화행정, 축제, 이벤트화, 민간 활동의 지원과 PR, 지역의 역사, 문화, 전통 예능의 재포착, 지역 주민의 의식결집, 지역내외의 정보 수집, 기념비 건립 등으로 문화 클러스터의 한 부분으로 자리 매김하는 것이다. 따라서, 매력 창출(USP Creating)은 지역 내부에서 이루어지는 것으로 지역의 행동 양식을 말하며, 이를 행동적 아이덴티티(Behavior Identity : BI)라고 하다.

▎매력있는 브랜드를 지역 문화자원으로 만들기 위한 요소

특정 지역이 가지는 독특한 매력과 특성을 활용하는 것은 해당 지역의 자연적, 문화적 혜택을 최대한 활용하여 지역 고유의 매력을 만들어내는 데 있어 필수적이다. 이를 위해서는 다음과 같은 다양한 전략적 요소들이 필요하다.

첫 번째 요소는 축제나 지역 서비스에 화제성을 제공하여, 해당 지역의 문화적 브랜드 이미지를 창출하는 것이다. 이는 고객 타겟을 명확히 표명하며, 축제 및 이벤트의 개념(concept) 혁신을 통해 지역 문화에 새로운 생명을 불어넣는 작업을 포함한다. 이 과정에서 지역의 독특한 문화와 전통, 역사를 기반으로 한 축제나 이벤트는 관람객들에게 독창적이고 기억에 남는 경험을 제공하며, 지역 브랜드의 이미지 강화에 큰 도움이 된다.

두 번째 요소는 다른 지역의 축제나 서비스와의 차별화를 통해 지역의 매력을 표출하고 이미지를 명확히 하는 것이다. 이를 위해서는 지역의 독특한 특성과 가치를 강조하고, 이를 바탕으로 한 독창적인 컨텐츠와 프로그램을 개발하여, 지역의 독특한 매력과 장점을 부각시키는 것이 중요하다.

셋째 요소는 지역의 독창적인 브랜드 로열티(Royalty)를 형성하는 것이다. 지역민과 방문객들이 지역 브랜드에 대한 강한 애착과 충성도를 갖게 하며, 장기적으로 지역 브랜드의 가치와 신뢰도를 높이는 데 기여한다.

넷째, 지역 수익 창출로 시장 쉐어(share)를 확보하는 것은 경제적 측면에서 지역 브랜드의 성공을 위해 필수적이다. 지역 경제에 활력을 불어넣고, 지역의 지속 가능한 발전을 촉진하는 요소이다.

다섯째, 지역의 수익 확보에 연결된 브랜드가 지역의 문화자원이 되며, 이는 지역 이미지와 정체성을 확립하고 강화하는 데 중요한 역할을 한다. 이 과정에서 지역 브랜드는 지역 문화의 가치를 전달하고, 지역사회의 자부심과 정체성을 높이는 중요한 수단이 된다.

▌ 문화구현(Culture Embodying)

특정 지역의 고유한 자연환경(natural environment, 自然環境), 역사적인 배경, 문화적인 매력 및 행정 서비스는 해당 지역을 다른 지역과 차별화하는 데 중요한 역할을 한다. 이러한 지역 고유의 요소들은 그 지역의 명칭, 상징물, 디자인 또는 이들의 결합을 통해 문화적으로 구현되어야 한다. 문화적 구현은 지역 내외의 다른 문화와의 적극적인 대응 및 교류를 통해 지역 주민의 문화적 소양을 향상시키고, 지역의 활성화를 촉진하는 과정이다. 이러한 과정은 지역 간의 교육 프로그램, 시민 강좌의 활용, 홈스테이 프로그램의 제공 등 다양한 방식으로 구현될 수 있다. 각 지역은 그 지역 고유의 문화적 특성과 철학에 따라 목표와 방향을 설정하고, 이를 실현하기 위한 구체적인 방안을 마련해야 한다. 이러한 과정에서 형성되는 지역 고유의 생각과 태도를 '마인드 아이덴티티(Mind Identity)'라고 칭하며, 지역의 문화적 정체성과 목표를 반영하는 중요한 개념이다. 결국, 각 지역이 자신만의 독특한 문화적 요소를 성공적으로 구현하고 발전시킬 때, 그 지역은 더욱 뚜렷한 정체성을 가지며, 지역 주민들의 삶의 질 개선과 지역 경제의 활성화에 기여할 수 있게 된다.

지역의 이미지를 재창출하는 것은 지역경제를 활성화하고 지역 정체성을 확립하는 중요한 문화 전략이 될 수 있다. 이러한 과정은 자신의 생활공간을 지역 주체의 창의적인 의지와 노력으로 능동적인 공간으로 전환하는데 큰 의의를 가진다. 이 과정을 통해 지역 주민들은 자신들이 속한 지역을 새로운 관점에서 바라보고, 그 공간의 잠재력을 발견하고 활용할 수 있게 된다. 또한 지역 문화를 실질적으로 체험하고 이를 우리의 일상과 밀접하게 연결시키는 기회를 제공한다. 지역의 문화와 역사를 심층적으로 이해하고 체험함으로써, 이와 관련된 이미지와 연상은 사람들의 기억에 오랜 시간 동안 남게 되며, 지역에 대한 강력한 정체성과 소속감을 형성하는데 기여한다. 따라서 지역의 이미지를 재창출하는 작업은 단순히 외적인 이미지를 개선하는 것을 넘어서, 지역사회의 내적인 가치와 자긍심을 높이고, 지역 문화의 지속 가능한 발전을 위한 기반이 되어야 한다. 이를 통해 지역사회는 더 활기차고 창조적인 문화적 환경을 조성할 수 있으며, 결국 지역경제의 활성화 및 지역 정체성의 강화로 이어지게 된다.

21세기는 문화의 가치가 크게 중시되는 시대로 자리 잡고 있으며, 이러한 추세 속에서 지역 문화 클러스터 개발은 향후 지역 발전의 중요한 전략으로 부상하고 있다. 지역의 문화적 자산과 자원을 활용하여 지역의 경제적 가치와 사회적 가치를 동시에 증진시키려는 시도이다. 그러나, 지역 문화 클러스터를 개발하고 상품화하는 과정에서 가장 중요한 점은, 단순히 경제적 이익의 창출에만 초점을 맞추는 것이 아니라, 실제로 그 지역 주민들의 삶의 질을 향상시키고 지역사회의 지속 가능한 발전을 이룰 수 있는 문화 전략을 수립하는 것이다.

이를 위해서는 지역 문화 클러스터 개발 과정에 지역 주민을 적극적으로 참여시키고, 그들의 요구와 욕구를 충분히 반영해야 한다. 또한, 지역의 역사, 전통, 예술 등의 문화적 요소를 현대적인 감각으로 재해석하고, 이를 기반으로 한 다양한 문화 콘텐츠와 활동을 개발하여 지역 주민의 문화적 경험과 자부심을 높여야 한다. 이와 함께, 지역 문화 클러스터 개발을 통해 창출된 경제적 가치가 지역사회에 재투자되어 지역 주민들의 생활 환경 개선, 교육 및 문화 서비스 향상 등에 기여할 수 있도록 해야 한다.

결국, 지역 문화 클러스터 개발은 지역의 문화적 매력과 경제적 발전을 동시에 추구하는 것 이상의 의미를 가져야 한다. 지역 주민의 삶의 질을 실질적으로 개선하고, 지역사회의 문화적 다양성과 창의력을 증진시키며, 지역의 지속 가능한 발전을 위한 토대를 마련하는 중요한 문화전략이 되어야 한다. 이렇게 함으로써, 지역 문화 클러스터는 단순한 상업적 프로젝트가 아니라, 지역사회의 복리를 증진시기고 문화적 가치를 높이는 사회적 사업으로 자리매김할 수 있을 것이다.

▍연관성의 문화적 클러스터(Cluster)

연관성의 문화적 클러스터(Cluster)는 단순히 제품이나 서비스의 물리적이고 객관적인 속성에 의해서만 정의될 수 없는, 보다 복잡하고 다층적인 개념을 포함한다. 제품명, 로고, 슬로건(slogan) 등의 시각적, 문화적 요소와 결부되어 소비자에게 연상되며, 특정 지역의 문화적 이미지와 가치를 형성하는 데 중요한 역할을 한다. 지역의 문화적 클러스터는 해당 지역만의 독특한 문화 자원을 활용하여 경쟁 우위를 확보하고, 이를 통해 지역 가치를 창출하는 중요한 수단이다.

이러한 문화 클러스터는 특정 지역의 예술, 전통, 역사, 풍경 등 여러 문화 자원을 집약하여, 그 지역의 독창적인 문화적 정체성을 구축하고, 지역 주민들에게 자긍심을 부여한다. 또한, 이를 통해 지역은 외부로부터의 방문자들에게 특별하고 기억에 남는 경험을 제공할 수 있으며, 지역경제의 활성화에 기여하게 된다.

문화 클러스터의 구성 요소들은 다른 지역에서 제공받는 정보와 차별화를 통해, 지역에 대한 독특한 인식을 형성하고, 곧 방문자 및 소비자의 로열티 형성으로 이어진다. 따라서, 특정 지역의 문화 클러스터는 다른 지역과의 경쟁에서 우위를 점하고, 그 지역을 대표하는 브랜드로서의 가치를 높이는 중요한 요소가 된다. 지역 문화의 지속적인 발전과 성장을 위해, 지역 주민, 정부, 기업 등 여러 이해관계자의 적극적인 참여와 협력을 필요로 하며, 이를 통해 지역의 문화적 자산이 잘 보존되고 발전할 수 있는 환경을 조성하는 것이 필수적이다.

지역의 창조적 발전이라는 관점을 바탕으로 볼 때, 지역 브랜드 이미지는 지역의 특색과 차별화의 강화수단 뿐만 아니라, 장기적으로는 지역 자체의 역량을 축적하면서 기존산업의 경쟁력을 향상하고, 지역 브랜드를 마케팅으로 지역 주민의 삶의 질을 향상시키기 위한 지역 활성화 네트워크를 형성하고, 글로벌화 등의 경쟁력 강화의 기폭제로 활용되어야 한다. 매력적인 지역 이미지를 창출하고 적극적이고 지속적인 국·내외 홍보를 함으로써 지역을 활성하고 경쟁력을 강화하여 에너지와 자부심을 하나로 모아 공동체 의식을 함양함으로써 세계적인 지역으로 발전하는 계기를 마련하여야 한다.

위에서 언급된 요소들을 깊이 분석해보면, 지역 문화 클러스터의 개발에 있어 단일 요소만으로는 충분하지 않다는 것을 알 수 있다. 이미지메이킹(Image Making), 매력 창출(USP Creating), 그리고 문화 구현(Culture Embodying)은 각각 독립적인 가치와 기능을 가지고 있으며, 이 세 가지 핵심 요소가 서로 조화롭게 작용할 때, 비로소 통합적이고 매력적인 문화 클러스터가 형성된다.

이미지 메이킹(Image Making)은 지역의 식별성과 브랜드 가치를 형성하는 과정으로, 지역의 로고, 슬로건, 상징 등을 통해 강력한 첫인상과 지속적인 인지도를 구축한다. 매력 창출(USP Creating)은 지역만의 고유한 특성이나 자원을 활용하여 관광객이나 방문객에게 독특한 경험을 제공하는 것을 목표로 한다. 지역의 문화, 역사, 자연 경관 등을 기반으로 한 관광 상품 개발, 이벤트 조직, 테마 여행 경로의 구성 등을 포함한다. 마지막으로, 문화 구현(Culture Embodying)은 지역의 문화적 특성과 환경을 실현하고 보존하는 과정으로, 지역 문화의 정체성을 강화하고 주민들의 문화적 자긍심을 높이는 데 기여한다. 이 세 가지 요소가 상호 보완적으로 작용하여 지역 문화 클러스터를 구성할 때, 그 지역은 독특하고 매력적인 문화적 명소로 자리매김할 수 있으며, 지역 경제와 문화의 지속 가능한 발전을 이끌어낼 수 있다. 따라서, 지역 문화 클러스터의 성공적인 개발과 운영을 위해서는 이미지메이킹, 매력 창출, 문화 구현이 서로 긴밀하게 연결되고 조화를 이루며 상호 작용하는 상생의 효과를 창출해야 한다. 이러한 통합적 접근은 지역의 경쟁력을 높이고, 지역 주민들의 삶의 질을 향상시키며, 궁극적으로 지역의 문화적, 경제적 가치를 극대화하는 데 결정적인 역할을 한다.

04
문화 클러스터 개발 체계 구축

문 화(Culture)는 단순히 예술의 한 분야에 국한되지 않고, 일상 생활에 깊이 관련된 다양한 특화 산업 영역을 포괄하는 개념으로 점차 인식되고 있다. 이러한 전환은 문화 상품이 집중적으로 육성되는 배경이 되었으며, 정보화 시대의 도래와 함께 유망 산업으로 여겨지는 멀티미디어, 디자인, 관광, 여가, 이벤트, 컨벤션 등의 지식기반 서비스 산업과의 연계를 통해 산업 간 연관 효과를 극대화하고 있다. 문화는 독립적으로 존재하는 것이 아니며, 오히려 다른 지역이나 다른 분야와의 지속적인 연계와 교류를 통해 상호 발전의 가능성을 키우고 있다. 이러한 상호작용은 문화의 다양성과 창의성을 증진시키며, 경제적 가치를 창출하는 중요한 동력이 된다.

현대 사회에서는 단지 품질적인 측면뿐만 아니라 문화의 독창성과 그에 따른 문화적 아이덴티티의 체계 구축이 점점 더 중요해지고 있다. 지역 문화의 독특성을 기반으로 한 개성 있는 문화적 아이덴티티가 강조되고 있음을 의미한다. 이러한 독창적인 문화적 아이덴티티를 구축하고 육성하기 위해서는 지역 문화 클러스터의 체계적인 개발과 관리가 필수적이다. 이 과정에서 지역 문화의 자원을 발굴하고 이를 기반으로 한 문화 상품과 서비스를 개발하여, 지역 경제의 활성화와 지역 문화의 지속 가능한 발전을 추구해야 한다. 또한, 지역 내외의 다양한 이해관계자와의 협력을 통해 지역 문화 클러스터를 글로벌 수준에서 경쟁력 있는 문화 산업 영역으로 발전시키는 것이 중요하다. 지역 문화 클러스터의 개발 체계는 지역의 특성과 잠재력을 반영한 전략적 계획 수립, 다양한 문화 콘텐츠의 개발과 홍보, 지역 커뮤니티의 참여와 지원, 그리고 지속적인 모니터링과 평가를 포함해야 한다. 이러한 포괄적 접근 방식을 통해, 지역 문화 클러스터는 현대 사회에서 요구하는 질적 문화 형성과 독창적 문화적 아이덴티티 체계의 중요한 축으로 자리매김할 수 있다.

지역 브랜드와 문화 클러스터의 기본구조

농수산물, 축산물, 가공특산품, 리조트 등과 같은 생산지가 직접적으로 제품 및 서비스의 우수성을 소비자에게 보증하는 형태로 구현되는 지역 자원을 활용한 브랜딩 방식을 기반으로 한다. 이러한 지역 브랜드는 예를 들어 지역의 자연 조건, 지리적 환경, 인적 요소, 역사적 배경을 융합하여 창출된 '지역 특산품', '장소 마케팅', '지역 축제', '지방 특성화 전략'과 같은 개념들을 포괄한다. 이러한 접근법은 문화적 개념을 특정 장소나 지역에 연결하여 확장함으로써, 지역 이미지를 강화하고 지역 경제를 촉진하는 다양한 전략적 노력을 포함한다. 지역 문화는 그 지역만의 독특한 특산품, 축제, 특성화 전략, 관광 명소 등을 통해 정의되며, 이는 특정 지역이 보유하고 있는 독특한 자산을 의미한다.

하지만, 문화 클러스터의 구조는 단순히 지역의 물리적 자원을 넘어서 인적 요소, 지역적 요인, 시각적 요소, 문화적 특성, 체험적 요소 및 지역 금융 기능 등을 포함하는 훨씬 더 복합적인 시스템을 구축한다. 지역과 그 공간, 지역 자원을 효과적으로 활용하여 문화적 가치와 경제적 가치를 동시에 창출하고자 하는 전략적 접근을 요구한다. 따라서, 문화 클러스터의 개발과 구성에 있어서는 지역의 독특한 문화적 특성과 자원을 기반으로 하여, 지역 공동체의 참여와 협력을 촉진하고, 지역 내외부 관객 및 사용자에게 풍부하고 독특한 문화적 체험을 제공함으로써, 지역의 지속 가능한 발전을 도모하는 종합적인 접근이 필요하다. 이 과정에서 지역의 문화적, 사회적, 경제적 요소가 서로 상호 작용하며, 지역의 문화적 정체성과 브랜드 가치를 강화하고, 지역 경제의 활성화 및 지역사회의 발전을 추진하는 효과적인 문화 클러스터를 개발할 수 있다.

지역 문화 클러스터 개념도

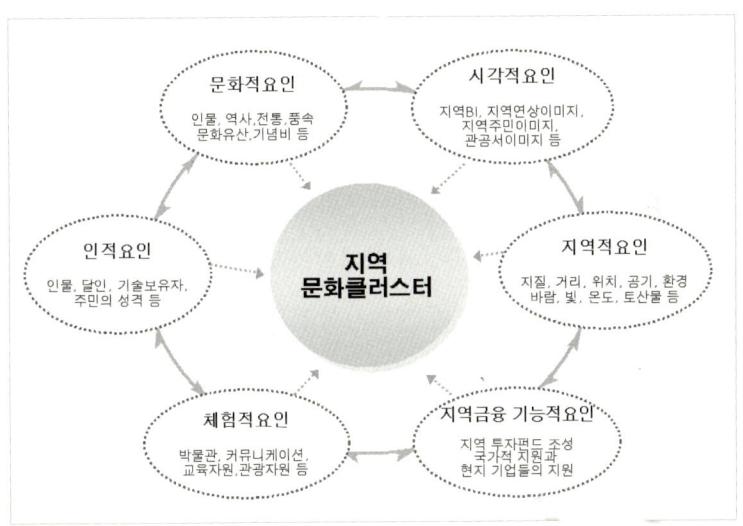

<그림 15> 지역 문화 클러스터 개념도

인적 요인

지방자치제 시대를 맞이하면서, 각 지역의 독특한 브랜드 구축을 위한 주민의 적극적인 참여와 관심이 어느 때보다도 중요해지고 있다. 이러한 맥락에서, 자원봉사 활동, 비정부기구(NGO)의 역할 확대와 같은 사회적 활동의 활성화가 필수적인 요소로 부상하고 있으며, 이러한 활동을 지속적으로 지원하고 이끌어갈 수 있는 인재 육성의 필요성이 점점 더 강조되고 있다. 지역사회 내에서 주민들이 직접 문화 창출에 참여하고, 그 과정에서 지역의 문화적 가치와 정체성을 반영하는 활동에 집중함으로써, 주민들의 문화에 대한 인식과 의식이 높아질 뿐만 아니라, 지역 문화의 발전을 주도할 수 있는 리더들이 자연스럽게 육성될 수 있다.

이러한 변화는 지역 주민들이 자신들이 속한 커뮤니티에 대해 더 큰 책임감을 가지고, 그들의 지역에서 발생하는 문화적 사건과 프로젝트에 보다 적극적으로 참여하게 만든다. 이 과정에서, 지역의 문화적 활동과 이벤트는 더욱 풍부해지고 다양해질 수 있으며, 지역사회 전체의 문화적 다양성과 창의성을 증진시키는 결과를 가져올 수 있다. 따라서, 지역 문화의 발전과 지역 브랜드의 구축을 위해서는 주민들의 활발한 참여와 리더십의 발휘, 그리고 이를 지원할 수 있는 지속적인 교육과 인재 육성 프로그램의 운영이 매우 중요하다. 결국 지역 문화의 지속 가능한 발전을 위한 토대를 마련하고, 지역의 문화적 자산과 가치를 극대화하는 데 핵심적인 역할을 할 것이다.

▎지역적 요인

문화 클러스터를 성공적으로 구축하기 위해서는 단순히 대규모이고 획일적인 접근 방식을 취하는 것이 아니라, 지역의 주변 경관과 조화를 이루는 방식으로 개발을 진행하여 지역적 특성을 강조하고 환경과의 조화를 꾀하는 것이 매우 중요하다. 지역의 고유한 매력과 가치를 부각시키며, 지속 가능한 개발을 촉진하는 데 기여한다. 지역적 요인의 조사와 분석 과정에서는,

해당 지역의 기후, 토질, 자연환경, 지형적 특성 등을 포함한 광범위한 지질학적 요소들을 면밀히 검토하고 평가해야 한다. 이러한 분석을 통해, 지역의 자연환경과 문화적 배경을 깊이 이해하고, 이를 바탕으로 한 지역 맞춤형 개발 계획을 수립할 수 있다.

또한, 지역 내에서 친환경적 요소가 중요한 역할을 하는 경우, 지속 가능한 생태 네트워크의 구축을 통해 지역의 친환경적 특성을 강화하고, 그 지역을 독특한 탈산업화된 공간으로 변모시킬 필요가 있다. 지역 주민과 방문객 모두에게 건강하고 지속 가능한 생활 환경을 제공함으로써 지역의 삶의 질을 향상시키는 한편, 지역의 생태계 보호와 자연 자원의 지속 가능한 활용을 촉진한다. 이런 접근 방식은 지역의 경제적, 사회적, 환경적 측면에서 긍정적인 영향을 끼치며, 지역 고유의 특성과 문화적 정체성을 강화하는 동시에, 지역경제의 활성화와 지역문화 클러스터의 성공적인 발전을 이끌어낼 수 있다. 따라서, 지역적 요인의 면밀한 분석과 이를 바탕으로 한 전략적인 계획 수립은 지역 문화 클러스터 구축의 핵심 요소로, 지역의 독특한 가치와 잠재력을 최대한 활용하는 데 중요한 역할을 한다.

▍시각적 요인

지역의 시각적 요인은 지역 브랜딩과 문화 클러스터 개발에 있어 핵심적인 역할을 한다. 이러한 시각적 요소에는 지역 주민들의 일상적인 모습, 자연경관에 대한 연상, 공공기관 및 관공서의 이미지, 그리고 지역에서 생산되는 제품의 외관과 같은 다양한 요소들이 포함된다. 이들 요소는 지역의 고유한 특성을 반영하고, 외부에서 그 지역을 인식하는 데 결정적인 영향을 미친다.

각 지역에 맞는 브랜드 이미지를 창출하는 것은 지역 브랜드 개발에서 매우 중요한 과제이다. 이 과정에서는 지역의 자연적, 문화적, 사회적 특성을 종합적으로 고려하여, 해당 지역을 대표할 수 있는 강력하고 독특한 이미지를 만들어내야 한다. 또한, 이러한 브랜드 이미지는 지역의 정체성을 반영하면서도 통일되고 일관된 방식으로 전달되어야 한다. 지역 주민들뿐만 아니라 방문객들에게도 지역의 핵심 가치와 메시지를 명확하고 일관되게 전달함으로써, 지역에 대한 긍정적인 인식을 형성하고 지역 브랜드의 신뢰도를 높이는 데 기여한다.

이를 위해서는 지역의 시각적 요소들을 면밀히 조사하고 분석하여, 이를 바탕으로 한 시각적 아이덴티티를 개발하고, 모든 마케팅 자료와 커뮤니케이션 전략에 일관되게 적용해야 한다. 이 과정에는 로고, 색상 체계, 타이포그래피, 이미지 사용 등이 포함될 수 있으며, 이러한 시각적 아이덴티티는 지역의 문화적 맥락과 연결되어야 하며, 지역의 특성과 이야기를 효과적으로 전달할 수 있어야 한다. 결국, 시각적 요소들의 효과적인 활용과 통합된 브랜드 이미지의 구축은 지역의 매력을 강조하고, 지역 경제의 활성화를 촉진하며, 지역 문화 클러스터의 성공적인 발전을 이끌어내는 중요한 요소가 된다.

▌문화적 요인

문화적 요인은 지역의 개성과 정체성을 형성하는 데 중요한 역할을 한다. 이러한 요인에는 인물, 역사, 기후, 풍토 및 환경과 같이 다양한 요소가 포함된다. 지역마다 고유의 문화적 특성을 가지고 있으며, 이런 다양성은 지역 간의 문화 교류를 통해 더욱 풍부해진다. 겉으로는 멀리 떨어져 있거나 상이해 보이는 문화적 요소들도 서로 교류하고 영향을 주고받음으로써 지역 활성화의 중요한 원동력이 될 수 있다. 이 과정에서 중요한 것은 지역과 지역 주민들의 생활 공간에서 문화적 공감대를 형성하는 것이다.

지역의 문화적 요소를 활용하여 지역의 이미지를 강화하고, 지역 주민들의 자긍심을 증진시키는 것은 지역 발전의 핵심이다. 지역 문화적 요인과 산업적 기반을 융합하는 것은 지역의 경쟁력을 확보하는 데 있어 필수적인 접근 방식이다. 예를 들어, 지역의 역사적 인물이나 사건을 기념하는 행사, 지역 고유의 기후와 풍토를 반영하는 관광 상품의 개발, 지역의 자연환경을 적극적으로 활용한 에코 투어 등은 지역의 문화적 요소를 활용하여 경제적 가치를 창출하고 지역사회를 활성화하는 방법이다.

따라서, 지역의 문화적 요인을 심도 있게 이해하고, 지역의 경제적 발전과 결합시킬 수 있는 전략적 접근이 필요하다. 지역은 독특한 문화적 정체성을 확립하고, 지역 경제의 다각화와 지속 가능한 발전을 도모할 수 있다. 문화적 요인의 효과적인 활용은 지역 주민들의 삶의 질을 향상시키고, 지역에 대한 방문자들의 관심을 증가시키며, 궁극적으로 지역사회의 전반적인 번영을 촉진하는 데 기여할 것이다.

▎체험적 요인

지역 브랜드 구축의 포인트는 몇 가지 중요한 요소에 초점을 맞추는 것에서 시작된다. 첫째로, 브랜드와 관련된 호의적인 공감대 형성은 지역 주민 및 방문객들 사이에 긍정적인 인상과 감정을 불러일으키는 것을 목표로 한다. 브랜드 스토리텔링, 지역 문화와 연계된 행사, 공동체의 참여를 통해 이루어질 수 있으며, 이러한 과정은 브랜드에 대한 신뢰와 충성도를 높이는 데 기여한다.

둘째로, 브랜드를 체험할 수 있는 다채로운 세계를 창출하는 것은 방문객들에게 기억에 남는 경험을 제공함으로써 브랜드 가치를 실질적으로 전달하는 방법이다. 박물관 방문, 지역 특색을 살린 이벤트, 음악회, 지역의 독특한 관광 자원의 탐방 등을 통해 이루어질 수 있다. 이러한 체험은 방문객들에게 지역 브랜드와의 강력한 연결고리를 제공하며, 지역의 문화적, 역사적, 자연적 매력을 직접적으로 경험할 수 있는 기회를 제공한다.

셋째로, 만들어진 브랜드 지식을 공간적 체험을 통해 활성화시키는 것은, 지역의 문화자원, 역사, 전통, 자연환경(natural environment)을 최대한 활용하여, 지역 공간의 상품화와 동시에 차별화된 이미지를 창출하는 과정이다. 지역의 독특한 스토리와 가치를 전달하고, 이를 통해 지역의 브랜드를 더욱 독특하고 매력적인 것으로 만드는 데 중요하다. 예를 들어, 역사적인 장소의 재생 프로젝트, 자연경관을 활용한 테마파크의 개발, 지역 전통을 현대적으로 재해석한 행사 등은 지역의 고유한 특성을 활용하여 새로운 방문객 경험을 창조하고, 지역 브랜드의 차별화된 이미지를 강화할 수 있다.

결론적으로, 지역 브랜드의 성공적인 구축은 호의적인 공감대 형성, 창의적인 체험 기회의 제공, 그리고 공간적 체험을 통한 브랜드 지식의 활성화를 통해 이루어진다. 이러한 접근 방식은 지역의 문화적, 경제적 가치를 증진시키고, 지역 공동체와 방문객들 모두에게 유익한 결과를 가져오며, 결국 지역은 단순한 지리적 공간을 넘어 문화적 가치와 정체성을 담은 살아있는 체험의 장으로 변모할 수 있다.

지역 금융 기능적 요인

지역 금융의 기능적 요인은 지역 경제의 활성화를 위한 핵심적인 역할을 한다. 경제적인 측면에서 부진한 지역에서는 지역 금융이 적극적인 투자를 유도하는 데 중요한 역할을 한다. 지역의 투자 기금 조성, 국가 차원의 지원 촉진, 현지 기업의 투자 유도 등이 필요하다. 전문 투자 조합과 같은 구조를 통해 자금 공급이 원활해져야만, 활발한 문화 클러스터의 구축이 가능해진다.

이런 투자는 문화 클러스터의 다양한 프로젝트와 이니셔티브에 필요한 자본을 제공하며, 지역 내에서의 경제적 성장과 문화적 발전을 촉진한다.

문화 클러스터의 기본 구조는 브랜드 상징물과 개성적 측면을 포함하여, 그 안에 담긴 이미지의 가치와 브랜드의 개성(Personality)적 특성, 예를 들어 '친근함', '아름다움', '전통성', '현대성'과 같은 추상적 개념까지 아우르는 것이 특징이다. 경기도 이천의 쌀과 같이 이미 임금님 진상품, 무공해 쌀, 뛰어난 미질, 고가의 제품 등으로 인식되고 있는 지역 제품은 브랜드의 상징적 개성 이미지의 예시로 볼 수 있다. 이러한 상징적 이미지는 소비자의 구매 결정에 있어 중요한 역할을 하며, 특히 고가의 제품이나 전문적인 품목에 있어서 더욱 그 중요성이 강조된다. 이러한 감성적, 정서적 이미지를 포함하며, 소비자의 지위(Status) 욕구 등을 충족시키는 데 기여하는 브랜드 이미지 구축의 중요한 측면이다.

지역 브랜드와 문화 클러스터 입지여건

지역 브랜드와 문화 클러스터의 입지여건은 현재 그 지역을 하나의 포괄적인 상품으로 바라보고, 그 안에 포함된 모든 문화적, 생산적 자산을 활용하여 지역의 종합적인 브랜드 가치를 창출하고 높이는 활동으로 정의된다. 이 개념은 지역 자체를 하나의 상품으로 인식하며, 그 안에 존재하는 다양한 유형 및 무형의 자산들을 전략적인 자원으로 활용한다. 이를 위해, 지역의 공공부문과 민간 부문이 협력하여, 지역 주민, 방문객, 관광객 등 대상 고객들이 선호하는 이미지, 제도, 시설 등을 개발하고, 이를 적극적으로 홍보하여 지역의 전체적인 브랜드 가치를 향상시키는 것을 목적으로 한다.

우리나라의 문화는 독특한 역사, 유산, 자연환경 등의 강점을 지니고 있으며, 이러한 강점은 국내외 관광객들에게 특별한 체험과 기억을 제공할 수 있는 무한한 잠재력을 내포하고 있다. 그러나, 동시에 우리는 해외 관광객들에게 친숙하지 않은 다양한 문제에 직면해 있으며, 대부분 지역적, 환경적, 문화적 요소들에 대한 이해 부족에서 비롯된다. 이러한 약점을 극복하기 위해서는, 지역의 독특한 문화와 환경을 국제적으로 이해하기 쉬운 형태로 재해석하고 소개하는 노력이 필요하다.

실제로 문화 클러스터의 입지 여건은 지금까지 각 지방자치단체의 부서별로 산발적이고 단편적으로 추진되어 온 계획들을, 하나의 종합적인 주제 아래에 통합하고, 지역을 하나의 마케팅 주체로 설정하여 종합적으로 전략을 수립하고 집행해야 한다. 특정 산업의 유치, 문화 관광 축제의 기획, 특산품 및 관광 상품의 개발, 지역의 CI개발 등을 포함하는 지역 전체의 마케팅 전략을 의미한다. 이러한 통합적인 접근 방식은 지역의 문화적, 경제적 자산을 최대한 활용하고, 지역의 장기적인 발전을 위한 지속 가능한 경로를 마련하는 데 중요하다. 따라서, 지역 브랜드와 문화 클러스터의 성공적인 구축 및 발전을 위해서는 지역 내 다양한 이해관계자들 간의 협력과 공동의 노력이 필수적이며, 이를 통해 지역의 고유한 가치를 전 세계에 알리고, 지역 경제를 활성화시키는 긍정적인 결과를 도출할 수 있다.

다음에 제시된 도표는 지역별로 각기 다른 지역 브랜드 이미지를 최대한 활용하여 진행되고 있는 문화 개발 프로젝트들을 상세하게 나타낸 것이다. 각 지역의 독특한 특성과 잠재력을 바탕으로, 지역 문화의 다양한 측면을 발전시키고자 하는 노력의 일환으로 구성되었다. 각 지역별로 진행되고 있는 문화 개발 사업은 해당 지역의 역사, 예술, 자연환경, 전통 및 현대적 요소를 포함한 다양한 문화적 자원을 기반으로 하고 있으며, 지역의 브랜드 가치를 증진시키고 지역 경제와 사회의 활성화를 도모하고 있다.

각 지역에서 실시하고 있는 문화 개발 사업의 명칭, 목표, 진행 상황, 예상 효과 및 특징 등이 상세하게 기록되어 있으며, 지역 주민, 관광객 및 투자자들에게 해당 지역의 문화적 가치와 잠재력을 효과적으로 전달하고 있다. 또한, 지역 브랜드의 이미지를 강화하고, 지역 문화의 발전 가능성을 탐색하는 데 중요한 정보를 제공하며, 각 지역에서 실행하고 있는 문화 전략의 효과성과 지속 가능성을 평가하는 데 도움을 준다. 지역별 문화 개발 사업이 지역사회의 경제적, 사회적, 문화적 발전에 어떻게 기여하고 있는지에 대한 이해를 돕고, 각 지역의 특색을 살린 창의적이고 지속 가능한 문화 개발 사업이 어떻게 지역 브랜드 가치를 향상시키는 데 기여하고 있는지를 보여준다. 따라서, 지역 문화 개발과 관련된 정책 입안자, 개발자, 연구자, 그리고 일반 대중에게 유용한 자료가 될 것이다.

문화 클러스터 입지여건

구분		핵심 아이덴티티	확장 아이덴티티
대분류	충북	태양광에너지	· 초고층 태양광 설비, 융복합실증연구센터 건립
	전북	농생명융합	· 스마트 팜 펙신밸리 조성, 농생명혁신캠퍼스 구축
	광주·전남	에너지 신산업	· 에너지 사이언스 파크 · 차세대 2차전지 선도도시 조성
	강원	스마트 헬스케어	· 국가 융복합 디지털 헬스케어 클러스터 육성
	경북	첨단자동차	· 첨단 미래교통안전 클러스터 조성
	대구	첨단의료융합산업	· 뇌연구 실용화센터 · 첨단의료 유전체 연구소 건립
	울산	친환경에너지	· 부유식 해상풍력 클러스터조성
	경남	항공우주산업	· 도시첨단산단 조성, 복합문화 도서관 건립
	부산	첨단해양산업	· 첨단 해양과학기술 거점 STEM 빌리지 조성
	제주	스마트 MICE	· 스마트 MICE14) 글로벌 연수타운 조성
소분류	대전	첨단영상, 게임	· 첨단 콘텐츠 브랜드 강화
	청주	에듀테인먼트	· 교육과 접목한 체험 확장
	영암	영암의 백제문화와 왕인박사	· 왕인박사의 유석과 100리 벚꽃, 백제문화 체험의 장!
	부천	만화특별시 부천	· 국·내 최초, 최대규모의 만화전문박물관
	안동	안동문화를 담았습니다 -안동간고등어	· 안동 산골짜기에서 나는 간고등어가 특별히 맛있는 이유는?
	함평	나비의 날개짓이 함평을 친환경도시로	· '함평천지'라는 농산물 브랜드와 '나르다'라는 공산물 브랜드로 확장
	의성	이성과 저승이 함께하는 종갓집	· 전통과 예술이 어우러진 문화공간
	남해	사계절 스포츠의 메카, 남해 스포츠파크	· 축구와 야구의 메카로 불리고 있는 환상의 섬
	순창	순창, 국제화로 승부한당께!	· 오지에서 세계로 나가는 디딤돌은 바로 인재!
	목포	해양문화, 관광콘텐츠	· 문화산업확장
	무주	무주반딧불 동요제	· 반딧불이 신비탐사, 1박 2일 생태체험, 반디나라관, 남대천 생명+(다슬기, 치어 방류)등

장성	홍길동 마을, 장성군이 뜬다!	· 공무원의 의식을 바꾸고 홍길동 축제로 장성의경제를 발전시 킨 장성의 힘! 장성아카데미를소개
진주	한국의 샌디에고, 진주	· 진주시가 바이오산업 지역으로 부상
춘천	애니메이션	· 문화산업확장
송도	송도 달빛축제	· 세계문화를 간접 체험하는 문화공간

〈표 6〉 문화 클러스터 입지여건 분류

▮ 지역 브랜드 개발을 위한 고찰

지역 브랜드 이미지에 관해 David Aaker(데이비드 아커)가 지적하고 있듯이, 브랜드 이미지의 요인에는 제품군, BI, 패키지, 가격, 속성(이상제품관련특징), 사용자 이미지, 심볼, 광고스타일, 생산지, 최고경영자(이상제품비관련 특징) 등이 있는데, 복합적이기 때문에 어떤 단일의 요인으로 결정하기는 힘들다. 물론 특정 요인이 다른 요인을 능가할 만큼 큰 힘을 가질 수는 있겠지만, 제품 전체를 나타내기란 불가능한 일이다. 따라서 브랜드 이미지는 복합적인 속성을 가지고 있다. 브랜드의 정체성을 논하면서 "Brand Identity System"이라는 개념을 사용했다. [15]

David Aaker(데이비드 아커)는 브랜드의 정체성에 관해 이야기하며 "시스템"이

---

14) MICE : Member of the Institution of Civil Engineers. 기업회의(meeting), 포상관광(incentives), 컨벤션(convention), 전시(exhibition)의 네 분야를 통틀어 말하는 서비스 산업이다. MICE산업은 기업을 대상으로 한다는 점에서 일반 관광산업과 다르다. 즉 기존 관광이 B2C(Business-to-consumer)라면MICE산업은 B2B(Business-to-Business)다. 매일경제.

15) Aaker, David A.(1996),『Building Strong Brands』NY : The Free Press.

라는, 다소 복잡하게 느껴질 수 있는 용어를 사용했다. 브랜드 정체성이 단순한 하나의 요소로 이루어져 있지 않고, 여러 다양한 요소들이 상호작용하며 복합적으로 움직이는 시스템으로써 기능하기 때문이다. 이러한 시스템, 또는 '체계'라는 개념은 단순히 제품 하나를 넘어서 제품, 조직, 개인, 그리고 상징 등 브랜드를 구성하는 다양한 요소들이 서로 연결되고 상호 작용하는 복합적인 구조를 의미한다.

David Aaker(데이비드 아커)는 브랜드 정체성이라는 개념을 통해, 브랜드가 단지 시장에서 판매되는 제품의 이름을 넘어서, 조직의 문화, 구성원들의 가치관, 그리고 고객들에게 전달하고자 하는 메시지와 약속 등을 포함하는 광범위한 체계임을 강조한다. 브랜드가 고객들에게 어떻게 인식되는지, 고객들이 브랜드를 통해 어떤 경험을 하게 되는지, 그리고 브랜드가 시장에서 어떤 위치를 차지하게 되는지를 결정짓는 중요한 요소들이다.

따라서, 브랜드를 관리하는 과정은 단순한 제품 개발이나 광고 전략 수립을 넘어서, 모든 관련 요소들이 일관되고 조화로운 방식으로 서로를 강화하고 지원할 수 있는 방향으로의 체계적인 접근을 요구한다. 이런 관점에서 브랜드의 체계적 관리는 조직의 목표, 브랜드의 가치, 시장의 요구 및 고객의 기대 사이에서의 균형을 이루며, 브랜드의 장기적인 성공을 위한 전략적 기반을 마련하는 것을 목표로 한다. Aaker의 이러한 접근 방식은 브랜드를 전체적이고 통합적인 시각에서 이해하고 관리할 필요성을 강조하며, 현대의 복잡한 시장 환경 속에서 브랜드가 직면하는 다양한 도전과 기회를 해결하는 데 도움을 준다.

일반적으로 '체계'라는 용어는 어떤 특정한 질서와 구조를 가지고 있는 '짜여진 형태'를 의미한다. 다소 고정적인 개념을 내포하고 있으며, 무언가가 잘 조직되고 구성된 상태를 가리킨다. 반면, 이미지와 같은 동적인 개념들은 고정적인 성격을 가지면서도 끊임없는 상호작용을 통해 변화하고 발전한다. 이러한 관점에서 볼 때, 체계나 시스템은 상대적으로 보다 고착적인 성격을 가진다고 말할 수 있다. 물론, 시스템 자체도 하위 환경과 구성 요소들의 변화에 따라 변화하게 마련이다. 그러나 이미지의 형성과 같이, 체계 내에서의 변화는 종종 몇 가지 주요 요인들에 의해 좌우되며, 이러한 변화 과정은 간단하지 않은 문제이다. 체계라는 '틀' 안에서 여러 요인들이 상호 작용하며 결과를 만들어내기 때문에, 이러한 과정의 조율은 복잡하고 어려운 작업이 된다.

이러한 이유로, 지역이 브랜드 개발을 고려할 때는 단순히 특정 제품에 대한 명칭을 고려하는 것 이상의 과정이 필요하다. 대부분의 경우, 그 제품이 처해 있는 지역의 환경과 여건을 종합적으로 고려해야 한다. 해당 지역의 경제적, 사회적, 문화적, 환경적 요소들을 포괄적으로 분석하고 이해하는 과정을 필요로 하며, 지역 브랜드 개발은 이러한 복잡한 요소들을 통합하여 지역의 독특한 정체성과 가치를 반영하는 방향으로 진행되어야 한다. 따라서, 지역 브랜드 개발은 단순한 이름 부여를 넘어서, 지역의 다양한 자원과 잠재력을 활용하여 지역의 전반적인 이미지와 가치를 향상시키는 전략적이고 포괄적인 접근이 필요하다. 이 과정은 지역의 특성을 파악하고, 이를 기반으로 한 매력적이고 지속 가능한 브랜드 전략을 개발하는 것을 목표로 한다.

지역에서 브랜드 개발을 고려할 때, 단순한 제품명의 선택을 넘어서는 과정이다. 제품 개발 초기 단계에서부터 해당 지역의 독특한 특성과 환경적 속성을 충분히 고려해야 하며, 이와 더불어 주변의 경쟁 환경 및 제품이 속해 있는 카테고리에 대한 철저한 분석이 선행되어야 한다. 이러한 분석은 지역의 경제적, 사회적, 문화적 맥락을 포함하여, 지역의 자연환경과 인문환경 등을 포괄적으로 이해하는 것에서 시작된다. 이를 통해, 지역의 강점과 약점, 기회 및 위협 요소들을 파악하고, 이를 기반으로 한 전략을 수립할 필요가 있다.

각 지역미다 고유의 상황에 맞는 효과적인 전략을 수립하고 실행하는 것이 중요하다. 예를 들어, 시장 내에서 혁신적인 제품력을 바탕으로 새로운 카테고리를 창조하는 제품이 될 수도 있고, 혹은 경쟁이 치열한 시장에서 방어적인 전략을 취해야 하는 제품일 수도 있다. 또한, 기존 제품의 보완점을 개선하거나 신규 컨셉을 도입하여 기존 브랜드를 강화하는 개념의 브랜드일 수도 있다. 이러한 다양한 상황을 고려하여, 지역 브랜드 개발에 있어 유연하고 창의적인 접근 방식이 요구된다.

따라서, 지역 브랜드 개발에 있어서는 지역적 특성과 전략적 요구사항을 충분히 이해하고, 시장의 변화와 소비자의 니즈에 민감하게 반응할 수 있는 융통성 있는 전략이 필수적이다. 이 과정에서 지역의 문화적 자산과 환경적 가치를 적극적으로 활용하고, 지역 공동체와의 긴밀한 협력을 통해 지역 고유의 브랜드를 성공적으로 구축하고 육성할 수 있는 기반을 마련해야 한다. 이러한 접근은 지역 브랜드의 장기적인 성공을 보장하고, 지역 경제의 활성화와 지역사회의 발전에 기여할 것이다.

지역 브랜드와 문화 클러스터 성립 형태

❖ 지역 아이덴티티(Identity) 도입

지역 아이덴티티(Identity)의 도입은 지방자치단체의 활성화를 촉진하고 지역 주민들의 자존감을 상승시키는 중요한 전략이다. 이러한 아이덴티티는 지역의 독특한 문화, 역사 및 가치를 반영하는 것으로, 지자체는 지역 주민들의 정체성을 확립하고 더 효율적이고 편리한 행정 서비스를 제공하기 위해 지역 브랜드 개발을 추진한다. 이 과정에서, 지자체는 공공 서비스의 질을 향상시키고, 지역의 문화적 특성과 지역적 특징을 잘 나타내는 문화 활동을 촉진하여 지역 고유의 문화적 가치를 발전시키기 위해 노력한다. 지역민의 삶의 질 향상과 함께 대학, 산업계 및 정부 기관 간의 유대와 협력 관계를 강화하는 것을 목표로 한다. 이러한 상호작용을 통해 타 지역과 차별화된, 지역에 특화된 독특한 가치나 상품을 개발하고 이를 바탕으로 지역 아이덴티티를 강화할 수 있다.

지역 아이덴티티를 성공적으로 자리잡게 하기 위해서는, 지역 주민의 적극적인 참여와 노력이 필수적이다. 지역 주민은 지역의 브랜드 가치를 높이고, 지역의 매력적인 이미지를 타 지역 주민에게 간접적으로 어필하기 위해 함께 노력해야 한다. 지역 내외의 이해관계자들이 지역의 특성을 이해하고 이를 적극적으로 홍보하는 과정을 포함한다. 또한, 지역의 문화적, 사회적, 경제적 잠재력을 극대화하고, 지역 주민의 참여와 협력을 통해 지역의 아이덴티티와 브랜드 가치를 함께 구축하는 것은 지역사회 전체의 번영에 기여할 뿐만 아니라, 지역 주민들 간의 유대감과 공동체 의식을 강화하는 결과를 가져온다.

결론적으로, 지역 아이덴티티의 도입과 발전은 지역 주민들의 공동의 노력과 참여를 통해 이루어지며, 지역 브랜드의 가치를 높이고 지역 공동체의 단결력과 자부심을 증진시키는 데 중요한 역할을 한다. 지역 아이덴티티(Local Identity)를 통해 지역 주민은 자신들이 속한 지역에 대한 긍정적인 이미지를 내외부에 전파하고, 지역의 문화적, 사회적, 경제적 발전을 촉진하며, 지역 내외의 관계자들과의 협력을 통해 지역의 지속 가능한 성장을 이끌어낼 수 있다.

브랜드는 단순한 상품이나 서비스의 이름을 넘어서 소비자와의 커뮤니케이션 수단으로서 기능하다. 필립 코틀러(Kotler)에 의하면, 브랜드는 소비자에게 메시지를 전달하며, 그것은 단순한 정보의 전달을 넘어서 브랜드가 지닌 속성, 편익, 가치 및 문화적 개성과 같은 다양한 측면을 포함한다. 이러한 다양한 측면들은 브랜드의 복잡성과 다면성을 소비자에게 간접적으로 전달하며, 소비자와의 심층적인 관계를 구축하는 역할을 한다. 브랜드는 소비자의 생활 속에 깊숙이 자리 잡으며, 소비자의 인식, 태도, 그리고 행동에 영향을 미치는 중요한 역할을 수행한다.

시몬 엔홀트(Simon Anholt) 2006년 세계 도시 브랜드 지수를 소개하면서 도시 브랜딩에 중요한 여섯 가지 '소프트웨어적 요소'를 제시했다. 여섯 가지 요소는 도시의 존재감(The Presence), 장소적 요소(The Place), 잠재력(The Potential), 라이프 스타일의 역동성(The Pulse), 인적 요소(The People) 및 도시 공간의 기본 요건(The Prerequisites)을 포함한다. 이러한 요소들은 도시의 브랜드가 지닌 복잡한 특성과 정체성을 이해하는 데 도움을 주며, 각각의 요소는 도시의 전체 이미지와 관계를 형성한다. 엔홀트의 이 '육각형(Hexagon) 모델'은 도시 브랜딩을 체계적으로 분석하고 평가하는 틀을 제공하며, 도시가 글로벌 경쟁에서 자신의 위치를 찾고, 독특한 브랜드 가치를 창출하며, 소비자에게 매력적인 이미지를 구축하는 데 중요한 기준을 제시한다.

이러한 모델은 도시의 관리자들과 마케팅 전문가들에게 도시의 강점과 약점을 파악하고, 지역의 다양한 요소들을 조화롭게 통합하여 도시의 전체적인 브랜드 전략을 수립하는 데 유용한 도구가 된다. 또한, 이 모델을 통해 도시는 자신만의 독특한 특성과 잠재력을 세계에 알리고, 지속 가능한 발전을 도모하며, 국제적인 관심과 투자를 유치하는 방법을 찾을 수 있다.

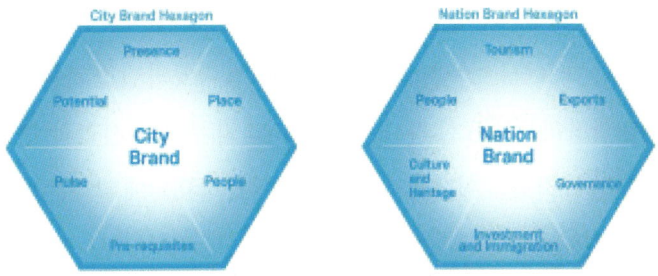

<그림 16> 앤홀트의 육각형(Hexagon) 모델

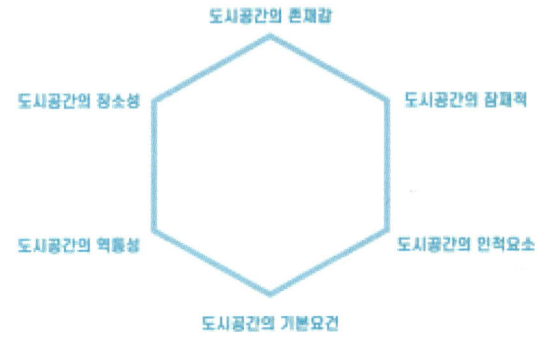

<그림 17> 앤홀트의 육각형(Hexagon) 모형

지역 브랜딩(Local Branding)은 국가 브랜딩을 기반으로 하면서도, 지리적 위치와 고유한 문화적, 사회적, 경제적 특성을 바탕으로 다른 지역과의 차별화된 경쟁 우위를 확보하는 전략이다. 관광, 문화, 교통, 그리고 지역 자산과 같은 다양한 지역 문화자원은 그 지역만의 독특한 가치를 제공한다. 그러나 이러한 핵심 문화 자산을 식별하고 효과적으로 활용하는 것은 여러 도전에 직면

해 있으며, 이 과정은 단순하지 않다. 지역 고유의 차별화된 문화 자산은 단순히 지역을 대표하는 상징적인 요소를 넘어서 지역의 발전 가능성과 성장 잠재력을 확장하는 중요한 자산이 된다. 지역의 문화적, 사회적, 경제적 발전을 도모하고 지역의 이미지와 브랜드 가치를 국내외에 알리는 데 결정적인 역할을 한다.

따라서 매력적인 지역 문화를 창출하고 유지하기 위해서는 지역의 정체성과 고유성을 지속적으로 발전시켜 나가야 한다. 지역의 역사, 전통, 예술, 자연환경 등을 포괄적으로 조사하고 분석하여 지역 고유의 특성과 장점을 식별하는 과정을 포함한다. 또한, 이러한 과정을 통해 발굴된 문화 자산들을 지역 커뮤니티와 연계하여 지역 주민의 참여와 협력을 촉진하고, 지역의 스토리텔링과 마케팅 전략을 개발하여 지역의 브랜드 가치를 높이는 데 활용해야 한다. 지역 브랜딩 전략의 성공은 지역 고유의 문화적 특성과 자산을 바탕으로 지속 가능한 관광 개발, 문화 콘텐츠 제작, 교육 프로그램 개발, 그리고 지역 경제의 활성화와 같은 다양한 방면에서 이루어질 수 있다. 이러한 과정은 지역의 다양한 이해관계자와 지역 주민의 참여와 협력이 필수적이며, 지역의 문화적, 사회적, 경제적 발전을 위한 장기적인 비전과 전략을 수립하는 데 중요한 기여한다.

❖ 지역 가치 최대로 높이기

지역 가치를 증진시키기 위해서는 브랜드의 기본 구성 요소들을 전략적으로 최적화하여 소비자들에게 제공되는 기능적 및 상징적 혜택을 극대화해야 한다. 소비자들은 브랜드와의 감성적인 연결을 통해 긍정적인 체험을 하게 되고, 결국 강력한 구전 효과를 이끌어내며 브랜드의 가치를 높이는 데 기여하게 된다. 이를 달성하기 위해, 지역은 체계적이고 전략적인 마케팅 계획을 세우고, 계획에 따라 일관된 마케팅 커뮤니케이션을 실행할 수 있는 구체적이고 전술적인 전략을 개발해야 한다. 문화 클러스터의 핵심적인 성립 형태는 바로 개인적 '체험'과 사회적 '관계'를 기반으로 한다고 할 수 있으며, 이 두 요소는 소비자와 지역 사이의 상호 작용과 연결을 강화하는 데 중요한 역할을 한다.

강력한 지역 브랜드의 구축은 소비자의 로열티, 반복 구매, 호감도 및 인지도를 증가시키는 결과를 가져온다. 소비자들에게 브랜드는 믿음과 신뢰를 제공하며, 위험으로부터 보호하고, 자부심을 증진시키며, 의사 결정 과정을 간소화하고, 삶에 의미를 부여하는 가치를 제공한다. 반면, 지역에게는 프리미엄 가격 설정을 통한 수익성 향상, 매출 증대, 관련 제품의 판매 증가 및 마케팅 비용 절감, 유통 채널에서의 지배력 확보 및 브랜드의 화폐 가치 상승 등의 이점을 제공한다.

따라서 지역 가치 창출을 위한 전략적 포지셔닝은 브랜드의 다양한 요소를 통합적으로 관리하고, '체험'과 '관계'를 핵심으로 하는 커뮤니케이션 전략을 효과적으로 전개하는 것에서 시작된다. 이를 위해 지역 브랜드는 소비자와의 직접적인 상호작용, 지역 문화와 전통의 효과적인 활용, 그리고 지역 공동체와의 긴밀한 협력을 통해 개인적 및 사회적 차원에서의 감성적이고 의미 있는 체험을 제공해야 한다. 이러한 접근 방식은 소비자들로 하여금 지역 브랜드와의 긍정적인 관계를 형성하게 하며, 지역 브랜드의 가치를 높이고 지역 경제의 발전을 촉진하는 지속 가능한 경로를 마련하는 데 결정적인 역할을 하게 된다.

❖ 파워 지역 문화 브랜드 구축

파워 지역 문화 브랜드의 구축은 지역의 문화적, 경제적, 사회적 가치를 극대화하고, 그 지역을 대표하는 강력한 브랜드 이미지를 형성하는 과정이다. 파워 브랜드(Power Brand)는 브랜드의 성공에 있어 핵심적인 원동력으로 작용한다. 이러한 브랜드를 성공적으로 구축하기 위해서는, 브랜드 자체가 독창적이어야 하며, 소비자들에게 진정한 가치를 제공하고, 소비자의 감성을 자극하는 특성을 갖추어야 한다. 파워 지역 브랜드를 구축하는 과정은 일관성을 유지하는 동시에 지속적인 혁신을 추구하는 것을 기본 원칙으로 한다.

▎일관성의 법칙

일관성은 브랜드 메시지, 시각적 요소, 소비자 경험을 일관되게 관리하여 소비자들이 브랜드를 쉽게 인식하고 기억할 수 있도록 하는 것을 의미한다. 이러한 일관성은 소비자들이 브랜드에 대해 신뢰를 형성하고, 브랜드와의 관계를 깊게 하며, 결국 로열티를 구축하는 기반을 마련한다.

파워 지역 브랜드는 지역의 전통적인 문화 자산과 현대적인 요소를 결합하여 독특한 문화적 경험을 창출하며, 이를 통해 지역의 문화적 정체성을 강화하고 글로벌 시장에서 경쟁력을 확보해야 한다.

따라서, 지역 가치 창출과 파워 지역 문화 브랜드의 구축을 위해서는 전략적 마케팅 계획의 수립, 타깃 소비자의 정확한 파악, 차별화된 문화적 가치의 제공, 그리고 지역 커뮤니티와의 긴밀한 협력을 통한 지속 가능한 발전 전략이 필요하다. 지역은 강력한 문화적 브랜드를 구축하고, 국내외 소비자들에게 매력적인 브랜드로 자리 잡을 수 있다.

파워 브랜드(Power Brand)의 강점은 세 가지 일관성에 있다. 첫째, 시간의 일관성은 브랜드가 시간의 흐름에 따라 일관된 메시지와 가치를 유지하는 것을 의미한다. 브랜드의 핵심 가치와 이미지가 변하지 않고 지속적으로 유지되는 것을 말한다. 둘째, 마케팅의 일관성은 브랜드가 서로 다른 채널과 플랫폼을 통해 일관된 마케팅 메시지를 전달하는 것을 의미한다. 브랜드가 다양한 마케팅 활동을 통해 일관된 브랜드 경험을 제공하고 소비자들에게 일관된 메시지를 전달하는 것을 의미한다. 셋째, 상품 간의 일관성은 브랜드의 다양한 제품이나 서비스가 일관된 브랜드 가치와 이미지를 반영하고 일관된 품질과 경험을 제공하는 것을 의미한다. 브랜드의 모든 제품이나 서비스가 동일한 수준의 품질과 경험을 제공하여 소비자들에게 일관된 브랜드 경험을 제공하는 것을 의미한다. 이러한 세 가지 일관성을 통해 브랜드는 소비자들에게 믿음과 신뢰를 줄 수 있으며, 파워 브랜드로서의 입지를 강화할 수 있다.

▍혁신의 법칙

혁신의 법칙은 브랜드가 시장 변화에 민감하게 반응하고, 새로운 아이디어, 상품, 서비스를 지속적으로 도입하여 소비자의 관심을 유지하고 시장리더십을 확보하는 것을 말한다. 지역 문화의 연구 개발력이 뛰어난 것뿐만 아니라, 도전과 실패를 두려워하지 않고 프로 액티브(active)한 지역 문화와 미래를 자유롭게 그리는 창조력을 결합해야 한다. 이를 통해 혁신의 법칙을 준수할 수 있다. 혁신의 법칙은 다음과 같은 요소를 포함한다. 지역 브랜드 기술의 창의성, 지역 조직의 진취성, 그리고 지역 경영자의 구체적인 전망에 관한 선견성이 그 중요한 예시이다. 이러한 요소들을 조화롭게 결합하여 지역 문화를 더욱 발전시킬 수 있다.

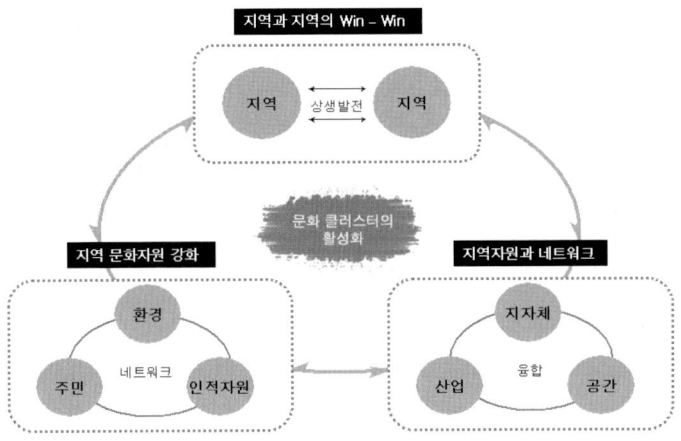

<그림 18> 파워 지역 구축, 출처: 김동주. 국가균형발전의 비전과 전략, 국가균형발전위원회 재구성

❖ 클러스터(Cluster) 브랜딩

클러스터 브랜딩은 강력한 인상을 심어주고 사람들의 관심을 끌기 위해서는 고도의 PR 및 커뮤니케이션 전략이 필요하다. 클러스터 내부의 분위기가 우수하고 운용 면에서 뛰어난 성과를 보이더라도, 외부에서 인식되지 않는다면 지속적인 발전이 어려울 수 있다. 특히 한국의 여러 클러스터는 주로 서울을 벗어나 지방에 위치하고 있으며, 역량 있는 업체를 끌어들이는 흡인력이 취약하다는 평가를 받고 있다. 클러스터 브랜딩은 내부적으로의 성과뿐만 아니라 외부로의 효과적인 소통과 인지도 확보가 중요함을 강조한다.

클러스터브랜딩은 복잡한 개념이 아니다. 클러스터에 속해 있는 것만으로도 제품이나 기업 이미지에 프리미엄이 붙도록 만드는 것을 말한다. 국가가 국기와 국화를 정하듯, 클러스터의 상징을 정해 알리는 일이 클러스터 브랜딩이다. 클러스터 브랜딩은 개별업체의 마케팅 비용을 절감할 뿐만 아니라 개별 브랜드에 시너지 효과를 가져오기 때문에, 세계적인 경쟁력을 갖춘 클러스터들은 이미 클러스터의 브랜딩에 적극적으로 나서고 있다.[16]

❖ 지역별 차별화된 문화 클러스터

지역에서 브랜드 개발을 고려할 때는 해당 지역의 제품이 가진 특성을 정확히 파악하고, 그 제품이 속한 지역의 환경과 특산물을 포함한 여러 요소들을 사전에 신중하게 분석해야 한다. 또한, 각 지역의 고유한 상황에 맞는 전략을 구상하여야 한다. 혁신적이고 차별화된 제품이라도, 해당 지역의 문화적 특성과 성격을 고려하여 새로운 컨셉을 도입하여 전략을 세우는 것이 필요하다.

현대 사회의 시장 상황은 치열해지는 경쟁과 다양화되는 제품 수로 인하여 상품의 품질과 기능면에서 별 차이가 없게 되었다. 이러한 상황적 변화 때문에 결국 브랜드의 차별화와 개성 있는 제품이 필요하게 되었다.

---

[16] 복득규외, 『한국산업과 지역의 생존전략 클러스터』, 삼성경제연구소.

문화 클러스터 성립 형태의 궁극적인 목적은 당장 소비자가 구매 행동을 하지 않더라도 잠재적 구매자가 어떠한 제품 부류에 속한 특정 브랜드를 재인식하거나 상기할 수 있는 브랜드인지 능력을 심어주는 것이다. 이러한 클러스터성립을 근거로 체계적인 브랜드 이미지를 확립하는 것이 중요하며, 이것은 지역의 측면에서 보면, 소비자 커뮤니케이션 활동에 있어 매우 중요하다. 특히 다양한 제품이 생산되는 지역에서는 지역의 이미지와 더불어 문화 이미지를 확립하는 데 많은 비중을 두어야 한다.

지역 문화 클러스터의 효율적인 성립을 위해선 그 지역의 상황과 지역이 문화성, 역사성, 환경성, 주민의 의식 등을 명확히 파악하여야 올바른 정보교류 및 네트워크를 형성 할 수 있다.

❖ 체험 커뮤니케이션 중시

문화 클러스터는 단순한 이미지의 차원을 벗어나 통합적이고 체험적인 차원에서 접근되고 있다. 지역 주민과의 관계 구축을 강화하기 위해서는 주민의 사용 상황과 관련된 매력적이고 기억에 남을 수 있는 다양한 경험을 체험할 수 있게 하는 프로그램을 제공하는 것이 무엇보다 중요하다. 문화 클러스터는 지역 주민과 소비자가 하나가 되어 제3의 공간을 창출하기 때문에 서로 체험하고 공감하고 확인할 수 있는 직접적인 커뮤니케이션이 가능하다. 쌍방향 커뮤니케이션을 통해 사람들이 직접 참여하고 체험하게 함으로써 공감을 유도하는 방법으로 진행되고 있는 것이 많다. 여기에는 각종 페스티발, 체육대회, 경연대회, 가장행렬, 시음시식회, 참가자가 참여하는 전시회 등도 포함된다.

❖ 독자적 문화 클러스터의 필요성

고도 경제 성장기에 지역의 산업이나 사회는 대체로 중앙집권적으로 획일화 되고 있다. 지방자치제를 시작한지 오래 되었지만, 지방은 그들의 정체성을 상실해 가고 있다. 그러나 요즘은 지방자체의 아이덴티티(Identity)를 찾기 위해서 그들의 문화적인 면을 개발하고 있으나 아직 그들의 본질은 옛것을 버리지 못하고 있다.

예를 들어, 전통적인 가게에서는 '전통'의 이미지가 강조되어야 한다. 이를 위해 '품질감', '안정감', '신뢰성', '평판이 좋은', '품질성능'과 같은 이미지를 가진 이름이나 심볼을 개발하여야 한다. 많은 사람들이 공통적으로 공유하는 감정이나 연상을 상기시키는 것이 중요하다. 브랜드로서, 이러한 이미지를 효과적으로 전달하기 위해서는 많은 사람들에게 통일된 이미지를 심리적으로 구축해야 한다.

따라서, 어떻게 지역 브랜드의 독특한 이미지를 확고히 하고 문화 클러스터로 만들 것인가에 대해 고려해야 한다. 이를 위해서는 지역 브랜드의 독창성을 명확하게 파악하고, 이를 토대로 통일된 이미지를 구축하는 작업이 필요하다.

지역 브랜드와 문화 클러스터의 발전

현대 사회에서, 많은 지역들이 그들만의 독특한 정체성, 즉 '주체성(Identity)'을 분명하게 보유하고 있는 것은 드문 현상이다. 각 지역이 서로 비슷한 전략을 사용하여 우수한 자원을 탐색하고 활용하려는 경향 때문에 발생한다. 이러한 일련의 행동들이 서로를 닮아가면서, 결과적으로 지역자원개발에 있어서의 유사성이 점점 더 뚜렷해지고 있다. 이러한 것은 지역민에게 선택의 폭이 상낭히 제한되어 있다고 볼 수 있다. 기본적으로 각 지역에서 자신들의 정체성에 대해 깊이 있고 진지한 고찰을 하지 않기 때문에 발생하는 문제이다. 결국 이러한 상태는 지역들이 서로를 차별화하는 것, 즉 각자의 독특한 특성을 개발하고 강조하는 것을 매우 어렵게 만들고 있다.

❖ 지역 문화 클러스터의 필요성

현대는 글로벌 시대로 규정될 수 있으며, 이 시대는 어느 한 특정 지역만을 대상으로 하는 마케팅 전략이 과거에 비해 상대적으로 제한적이며 협소하게 느껴질 수 있는 시기이다. 전 세계가 상호 연결되어 있으며, 정보와 문화가 국경을 넘어 빠르게 흘러 다니는 이러한 시대에서, 지역 특성을 강조하고 지역 고유의 가치를 전파하는 것은 단순히 지역적 관점에서의 마케팅을 넘어선 중요한 전략적 요소가 된다.

이러한 배경 하에, 지역 문화 클러스터의 개발은 지역적 특성과 문화적 자산을 살리면서도 글로벌 시장에서의 경쟁력을 확보하기 위한 중요한 도구로 작용한다. 지역의 문화적 독특함과 잠재력을 강조하여, 지역을 국내외 관광객 및 투자자에게 매력적인 대상으로 만들어주며, 이로써 지역 경제와 문화가 상생하는 선순환 구조를 형성할 수 있다.

더 나아가, 지역 브랜드 개발의 중요성은 단순히 경제적 성장에 그치지 않는다. 강력한 지역 브랜드는 그 지역의 성장과 발전을 촉진하는 견인차 역할을 할 뿐만 아니라, 지역 주민들의 자긍심과 소속감을 증진시킴으로써 공동체 의식을 강화한다. 주민들이 자신들이 속한 지역에 대해 더 큰 관심과 애착을 갖게 하며, 그 결과로 지역사회의 단결심을 증진시켜 지속 가능한 발전을 이루어 나갈 수 있는 강력한 동력이 된다. 따라서, 지역 브랜드 개발은 지역의 경제적 번영은 물론, 문화적 자존감과 사회적 결합력을 강화하는 데에도 매우 중요한 역할을 수행하는 것으로 볼 수 있다.

이러한 과정의 최종적인 결과로서, '나의 고장', '누구나 방문하고 싶은 곳'과 같은 긍정적인 이미지를 구축할 수 있다. 만약 내가 살고 있는 지역이 다른 지역 사람들에게 산업적으로 발전하였으며, 관광자원이 풍부하고, 삶의 질이 높으며, 살고 싶은 지역으로 인식된다면, 나 역시 그 지역의 주민으로서 강한 자부심을 느낄 것이다.

이제, 지역 문화 클러스터를 어떻게 개발해 나갈 것인지에 대해 구체적으로 살펴보아야 할 때이다. 일반적으로 문화 클러스터를 구축하는 핵심 요소는 브랜드와 연관된 긍정적인 이미지를 형성하고, 브랜드를 직접 경험할 수 있는 독특하고 매력적인 공간을 창출하는 것이다. 지역 브랜드의 경우, 그 특성상 모든 일반적인 원칙에 완벽히 부합하는 것은 아닐 수 있으나, 기본적인 틀을 설정하고 그 안에서 창의적인 해결책을 모색하는 것은 매우 중요하다. 이 과정을 통해, 각 지역은 자신들만의 독특한 문화와 정체성을 발전시키며, 이를 통해 전 세계적으로 인정받고 존중받는 브랜드로 성장할 수 있을 것이다.

첫 번째 단계로, 지역 브랜드를 통해 다채로운 긍정적 연상을 유발하는 데 주력해야 한다. 예를 들어, '제주도'라는 이름만 들어도, 그곳의 아름다운 자연환경을 연상시키며, 신선한 공기, 차가우면서도 맑고 깨끗한 바다, 그리고 청정한 자연의 이미지가 떠오른다. 이와 같이, 제주도를 방문함으로써 누릴 수 있는 아름다운 경치와 바다의 정경을 통해 마음까지 상쾌해지는 느낌을 제공함으로써, 소비자들에게 긍정적이고 호의적인 연상을 심어주는 것이 목표이다. 지역 브랜드의 이미지 구축에 있어 중요한 역할을 하며, 이러한 연상 작업은 지역의 매력을 극대화하여 사람들이 그 지역에 대해 좋은 인상을 가질 수 있도록 도와준다.

두 번째로, 지역 브랜드가 단순히 인식의 차원에 머물지 않고 실제로 체험될 수 있도록 하는 것이 중요하다. 여행을 통한 직접적인 체험, 텔레비전 프로그램이나 소셜 미디어를 통한 간접적인 경험, 그리고 사람들 사이의 구전을 통해 알려지는 지역의 이야기들은 모두 강렬한 감정과 애착을 유발한다. 이런 체험은 사람들이 특정 지역 브랜드와 관련된 문화를 직접 경험하고, 그 경험을 다른 사람에게 전달함으로써 지속적으로 새로운 문화 체험의 기회를 만들어낸다. 이처럼 체험 마케팅을 통해 전달되는 지역 브랜드의 가치는 체험을 통한 개인의 감성을 자극하며, 문화 클러스터를 통한 지식의 끊임없는 확산과 발전을 가능하게 한다.

세 번째로, 지역 문화 클러스터의 발전을 위해 지방자치제의 적극적인 지원과 후원이 필수적이다. 특히 초기 단계에서 지방 정부의 개입과 역할은 매우 중요하며, 제품 유통망 개발, 홍보 전략 수립, 그리고 문화유산 보존 및 복원과 같은 다양한 지원 활동을 통해 지역 브랜드의 지속가능한 관리와 발전을 도모해야 한다. 이러한 지방자치제의 노력은 지역 주민들의 적극적이고 자발적인 참여와 결합될 때 비로소 그 진정한 가치를 발휘하게 된다. 지역 문화 클러스터의 발전은 지역사회 전체의 협력과 참여 속에서 이루어지며, 지역의 문화적 자산을 보존하고 발전시키는 데 있어 중요한 기반을 형성한다.

마지막으로, 지역 문화 클러스터의 개발과 관리는 지역의 독특한 특성과 연상을 기반으로 한 브랜딩 작업에 그 특징이 있으며, 역으로 지역 브랜드가 해당 지역의 이미지와 연상을 더욱 풍부하게 만들고, 더 넓은 범위에 걸쳐 긍정적인 영향을 미칠 수 있도록 하는 것이 중요하다는 것을 의미한다. 지역 문화 클러스터가 단순히 상업적 가치를 추구하는 것을 넘어서, 지역경제에 실질적인 소득을 창출하고 지역사회의 활력과 역동성을 촉진하는 중요한 수단이 될 수 있음을 나타낸다. 따라서 지역 문화 클러스터는 판매 전략과 밀접하게 연계되어야 하며, 이를 통해 관광객의 증가, 새로운 브랜드 개발 기회의 창출, 그리고 지역의 전반적인 인지도 향상 등과 같은 바람직한 파급 효과를 창출해 낼 수 있다. 이 과정에서, 지역 브랜드와 문화 클러스터의 개발은 지역 커뮤니티와의 긴밀한 협력하에 이루어져야 하며, 지역 주민들의 자부심과 소속감을 고취시키는 동시에 지역의 지속 가능한 성장과 발전을 이끌어내는 핵심 요소가 될 것이다. 지역 브랜드의 문화 클러스터는 위의 조건이 서로 조화로워야 매력적인 지역 브랜드를 구축 할 수 있다.[17]

❖ 문화의 상품자본화

문화는 단순히 예술이나 전통의 집합이 아니라, 그 지역의 생명력을 대표하는 중요한 요소이다. 지역에 문화가 존재하지 않는다는 것은 그 지역이 삶의 활력을 잃어가고 있음을 의미하며, 곧 '죽은 지역'이라 할 수 있다. 문화는 우리 삶의 질을 풍요롭게 하고, 우리가 속한 공동체에 대한 자부심과 긍정적인 정체성을 형성하는 데 필수적인 역할을 한다. 지역 문화의 발전과 장려는

---

[17] http://www.dentsu.co.jp.

그 지역의 매력과 특성을 국내외에 널리 알리는 절호의 기회를 제공하며, 다시 그 지역에 대한 관심과 방문을 유도하여 지역 경제에 긍정적인 영향을 미친다.

예를 들어, 이천시는 매년 개최되는 이천도자기축제를 통해 '도예문화의 중심지'로서의 이미지를 성공적으로 구축했다. 이 축제는 다양한 도자기 판매 수익, 매장 연출비, 기타 부기 자재비, 지역 광고물 제작 등을 통해 직접적인 소득 창출에 기여하며, 이천시의 지역 경제 활성화에 큰 계기를 마련하였다. 마찬가지로, 안동시는 안동 국제탈춤페스티벌을 통해 '탈춤과 선비문화의 고장'이라는 독특한 이미지를 전국적으로 홍보하였고, 시민들의 지역에 대한 의식을 강화하고, 이러한 문화 행사에 참여하는 수천 명의 자원봉사자들은 지역사회에 에너지와 활력을 불어넣는 중요한 역할을 하고 있다.

따라서, 지역의 문화 발전을 위해서는 각 지역마다 고유의 특성과 상황을 고려해야 하며, 다른 지역의 사례를 단순히 모방하기보다는 해당 지역만의 독특한 문화와 산업을 연결 짓고 발전시키는 전략이 필요하다. 이 과정에서 지역 주민들의 적극적인 참여를 유도하고, 민간과 정부가 함께 협력하여 문화 프로젝트를 운영하며, 공식 후원 제도를 도입하는 등의 다양한 방안을 채택하여 지역 문화의 활성화를 도모해야 한다. 이러한 노력은 지역의 문화적 가치를 높이고, 지역 경제에 긍정적인 변화를 가져오며, 지역사회에 새로운 생명력을 불어넣는 중요한 역할을 하게 될 것이다.

▎지역 문화 클러스터 구조도

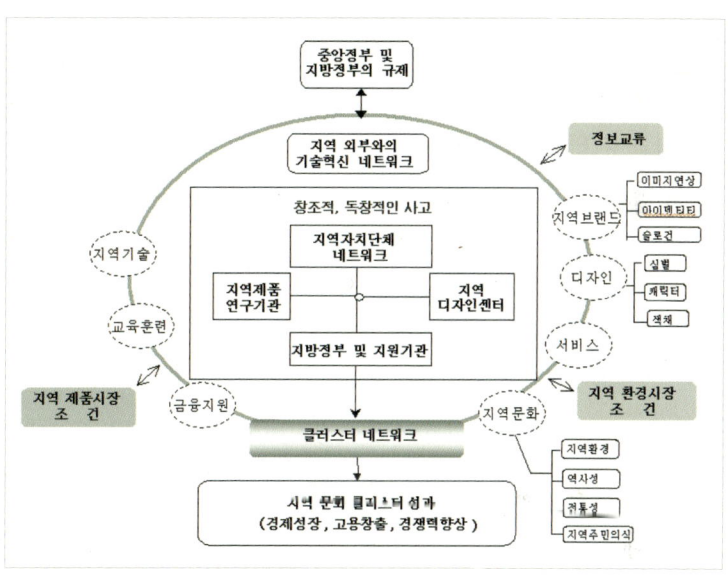

<그림 19> 지역 문화 클러스터 구조도, 출처 : 황주성, KISDI 정보사회연구실 재구성

❖ 문화 클러스터의 브랜드화

브랜드화의 과정을 시작하기에 앞서, 가장 중요한 것은 특정 목적에 대한 공감대를 형성하고 이를 기반으로 한 단단하고 조직화된 커뮤니티를 구축하는 것이다. 각 지역이 자신만의 독특한 정체성을 확립하고, 이를 대외적으로 명확히 표현해 내는 데 있어 필수적인 초석이 된다. 브랜드화 과정은 고객 중심적인 접근과 사회적 적합성이라고 하는 근본적인 요소들을 만족시키는 것을 넘어, 각 지역 고유의 특성이나 '지역다움'을 정확하고 충실하게 반영해야 하는 복합적인 과제를 수반한다.

특히, 고도 경제 성장기에 산업구조 내에서 지역 고유의 '다움'을 주체적으로 창조하고 강조하는 브랜드 기능의 중요성은 매우 크다고 할 수 있다. 일본 나가노현의 예에서 볼 수 있듯, 1998년 동계 올림픽과 패럴림픽 동계대회의 개최는 이 지역의 브랜드화 및 지역 네트워크의 활성화에 중대한 계기를 마련하였다. 나가노현[18]은 전국적으로 선두를 달리는 농업현으로서, 쌀, 과일, 채소의 재배, 축산, 양잠이 발달하였으며, 하천을 따라 건설된 많은 발전소들과 더불어 지역을 일본의 중요한 전원지대로 만들었다. 지역의 중앙부에 위치한 나가노현은 자연조건을 효과적으로 이용하여 집약적인 원예농업을 발전시켰으며, 나가, 마쓰모토, 이나 등의 분지에서의 사과, 복숭아, 포도 등의 재배가 활발한 것으로 나타났다. 뿐만 아니라 식품공업과 목공업 또한 번성하여, 청주, 된장, 냉동 두부, 가구, 칠기 등의 특산품이 전국적으로 유명해졌다. 나가노현은 이 모든 요소를 바탕으로 일본을 대표하는 관광현으로 자리매김하게 되었으며, 국립공원, 온천, 스키장 등의 관광자원을 통해

---

18) 1998년 동계 올림픽경기대회(제18회)와 패럴림픽 동계대회가 이곳에서 개최되었다. 전국 3위의 농업현으로 쌀·과일·채소 재배와 축산·양잠이 성하며, 하천에 많은 발전소가 건설되어 전국적인 전원지대(電源地帶)를 이룬다. 일본열도에서 중앙부에 있는 위치적인 이점으로, 각 지역의 자연조건을 유효하게 이용한 집약적 원예농업이 고도로 발전하였다. 나가·마쓰모토[松本]·이나(伊那) 등의 분지에서는 사과·복숭아·포도 등의 재배가 활발하다. 또한, 식품공업과 목공업도 성하여 특산품으로 청주(淸酒)·된장·냉동 두부·가구·칠기 등이 전국적으로 알려져 있다. 나가노현은 일본을 대표하는 관광현의 하나로 국립공원과 온천·스키장 등이 있다.

브랜드 가치를 한층 더 높일 수 있었다.

이처럼 브랜드화 과정에서는 해당 지역의 브랜드에 대한 공동체의 일체감과 긴밀한 연결을 구축하는 것이 매우 중요하다. 성공적인 브랜드화를 위해서는 지역 전체에 걸쳐 독창적이고 일관된 디자인과 메시지를 강화하고 육성하는 중장기적인 전략이 필수적이다. 이러한 전략을 통해, 각 지역은 자신만의 고유한 정체성과 가치를 국내외에 효과적으로 전달하고, 더 넓은 공감대를 형성할 수 있게 될 것이다.

❖ 국내 문화 클러스터 발전조건

〈표 7〉은 문화관광자원의 다양한 특성을 꼼꼼히 분석하고, 자원의 집적성, 접근성이 뛰어난 교통 체계, 그리고 각 지역의 행정 구역적 특징을 종합적으로 고려하여, 전국을 일곱 개의 주요 문화관광권으로 세분화하고 있는 것을 보여준다. 이러한 분류는 각 지역의 독특하고 다양한 문화적 특성을 기반으로 하며, 이를 통해 방문객들에게 특색 있는 문화관광 경험을 제공하기 위한 목적으로 개발되었다. 도표에 따르면, 각 문화관광권은 지역별로 특화된 개발 전략을 수립하고 실행하고 있으며, 방문자들에게 다양하고 풍부한 문화관광 공간을 제공하고 있음을 알 수 있다. 이와 같은 접근 방식은 지역 문화의 진흥과 관광 산업의 활성화에 크게 기여하고 있으며, 각 지역의 문화적 가치와 관광적 매력을 국내외에 널리 알리는 데 중요한 역할을 하고 있다.

문화관광권	특화주제	해당 광역지자체
수도권	남북교류와 4계절관광 동북아시아 관광허브	서울특별시, 인천광역시, 경기도
강원권	VR기반사업 생태, 동계스포츠	강원도
충청권	백제문화와 해안산악휴양 기술과 관광의 융합	대전광역시, 충청북도, 충청남도
호남권	테마형 전통문화와 해양관광 문화관광 중추 지역	광주광역시, 전라북도, 전라남도
대구경북권	전통문화와 섬유이벤트 역사관광거점	대구광역시, 경상북도
부산, 울산 경남권	국제지역과 해양관광 해양레저, 크루저 관광	부산광역시, 울산광역시, 경상남도
제주권	아태지역 중심관광 자연유산관광, MICE산업	제주도

〈표 7〉 국내 문화 클러스터 발전조건

문화관광권 및 특화주제

문화관광권 및 그 안에서 개발되는 특화주제는, 창의적이고 독창적인 프로그램들을 통해 구현되어야 한다. 이러한 프로그램은 각 지역의 고유한 특성을 반영하고, 그 차이를 기반으로 새롭게 생성되는 유형 및 무형의 산물들을 마케팅의 틀 안에서 체계적으로 관리하고 홍보함으로써, 각 지역이 서로 다르면서도 독특한 면모를 지닐 수 있도록 해야 한다. 이 과정을 통해, 국내 각 지역 간의 명확하게 차별화된 교류가 가능해지며, 이러한 교류는 각 지역에서 경쟁력 있는 독특한 상품이나 서비스의 개발로 이어지고, 다시 각 지역의 시장에서의 경쟁력을 강화하는 결과를 가져올 것이다. 이와 더불어, 각 지역의 네트워크화는 해당 지역의 특산물이나 선진 기술들이 다른 지역으로 확산되는 경로를 제공하며, 전체적으로 지역 간 상호작용과 협력을 촉진하고, 지역 경제의 성장과 발전을 가속화시킬 수 있을 것이다. 이렇게 하여, 각 지역은 자신들만의 독창적인 새로운 프로그램을 개발하고, 지역 간의 차별화된 교류를 촉진하며, 경쟁력 있는 지역 생산물을 개발하고, 이를 시장에 성공적으로 도입하며, 결국 네트워크화를 통한 지역 간의 정보와 자원의 공유와 확산을 이루는 것이 매우 중요하다.

결국, 이러한 접근 방식은 각 지역이 서로를 적극적으로 활성화하고 발전시킬 수 있는 기본적인 수소를 제공하는 것으로 볼 수 있다. 이런 프로그램의 실행은 단지 특정 지역의 활성화에만 기여하는 것이 아니라, 더 넓은 범위에서 국가 전반의 재정 운용을 보다 효율적으로 관리하고, 균형 잡힌 지역개발을 자연스럽게 이끌어낼 수 있는 포괄적인 전략이 될 수 있다. 따라서, 이러한 문화관광 프로그램 및 특화된 지역개발 전략은 각각의 지역이 자신들의 독특한 자산을 최대한 활용하여 경제적, 사회적, 문화적 발전을 이루는 동시에, 국가 차원에서는 지역 간의 불균형을 줄이고, 전체적인 국토의 균형있는 발전을 촉진하는 중요한 수단이 된다. 각 지역의 경쟁력 강화와 함께 지역 간 협력과 연대를 강화하며, 전국적으로는 지역 간 격차를 해소하고, 장기적인 지속 가능한 발전을 위한 기반을 마련하는데 기여할 것이다. 이런 방식으로, 문화관광 기반의 지역 활성화 프로그램은 각 지역뿐만 아니라 국가 전체의 발전에도 중요한 역할을 하게 될 것이다.

05

지역 문화 클러스터 개발 성공 사례

세계는 '클러스터 경쟁'이라고 불릴 정도로, 지역 클러스터에 대한 관심과 중요성이 날로 증가하고 있다. 특히, 실리콘밸리와 같은 성공적인 모델이 등장함에 따라, 다양한 지역들이 자신들이 가장 잘 할 수 있는 분야를 식별하고, 그에 맞는 클러스터 구축에 박차를 가하고 있는 상황이다. 이러한 추세는 전 세계적으로 관측되며, 각 지역은 고유의 장점과 특성을 살려 클러스터를 개발하고, 지역 경제의 성장을 도모하고자 한다. 특히, 문화 클러스터의 경우, 지역의 문화적 자산과 역량을 집중적으로 발전시키며, 문화적 가치와 경제적 가치가 상호 보완적으로 증대될 수 있도록 노력하고 있다. 문화 클러스터의 유형과 전략에 대한 이해를 돕기 위해, 여기서는 일본의 성공 사례를 상세하게 정리해 보았다. 일본을 사례로 선택한 이유는, 일본이 같은 동양권에 속하며 우리와 지리적으로 가까우면서도 문화적으로 독특한 특성을 가진, 이른바 '가깝고도 먼' 이웃 국가이기 때문이다. 또한, 우리와 비슷한 감성을 공유하고 있으면서도, 다양한 문화적 및 경제적 성공 모델을 제시하고 있는 점에서 많은 시사점을 얻을 수 있기 때문이다.

캠페인 개발모델 사례

❖ 시즈오카현 하마마쓰 : 외국인을 위한 '지역 공생' 마을 조성

브라질(Brazil) 사람이 가장 많이 사는 거리 하마마쓰시는 도쿄와 오사카의 중간에 위치하고 있다. 아카시 산맥, 덴류 천, 하마나호 등의 풍부한 자연의 혜택을 받은 면적 256평방 킬로, 인구 60만 명 정도의 중간 정도 도시이다.

하마마쓰시에는 악기 산업이나 수송용 기기, 광기술전자 기술 산업 등의 국제기업군이 집적해 있다. 근래에는 이러한 산업에 종사하는 외국인이 많이 거주하고 있다. 특히 브라질(Brazil) 사람은 약 1만 4천 명으로 전국의 도시 가운데에서 가장 많이 거주하고 있다. 그래서, 세계 도시화 비전(vision)의 일환으로, 시청 창구에 통역원을 배치하고, 외국어로 된 각종 행정 정보를 제공하고, 생활 상담 등의 거주 외국인 시책을 적극적으로 진행하고 있다. 특히, 국제화 지침으로서 '하마마쓰 이치요계 도시화 비전'을 마련하여 거주 외국인과 '지역 공생'의 사고방식으로 생활하고 있다. 일본인도 외국인도 동일한 하마마쓰시 시민이라고 말할 수 있는 인식의 일환으로, 서로의 가치관에 대한 이해와 존중을 깊게 하며, 건전한 도시 생활을 할 수 있는 권리와 의무를

기본으로 하고 있다. 19)

모든 주민이 참여하고 협동함으로써 진정한 공생사회의 형성을 진척시켜 외국인과의 공생사회를 만들어 나가려고 노력하고 있다. '세계도시 하마마쓰'를 목표로 세계 경제의 글로벌화로 외국인 노동자를 받아들이고 이를 확대시키는 움직임은 계속 활발하게 진행될 것이다. 일본의 다른 지역에서도 외국인 시민과 관계된 문제를 표면화 하고, 지역 공생을 과제로 삼을 필요가 있다는 인식이 퍼지고 있다. 앞으로도 지역공생화로 열린 사회를 실현하며 살게 될 것이다. 또, 하마마쓰시는 세계의 약 2만 5천 개의 도시가 가맹하고 있는 국제조직 '도시자치체 연합(UCLG)'에 일본 지역으로는 유일하게 가맹하고 있다. 지역 네트워크를 활용하여, 하마마쓰시의 매력과 자랑을 주민과 함께 발굴하고 키워나가며, '세계도시 하마마쓰'를 목표로 하고 있다.

우리나라는 산업화 과정에서 특히 '3D'로 불리는 더럽고, 위험하며, 힘든 업종을 기피하는 경향이 강해져 왔으며, 이로 인해 동남아시아 등지에서 온 여러 외국 노동자들이 이러한 직업군에 종사하고 있다. 이와 같은 상황을 면밀히 분석해 보면, 지역별로 각기 다른 특성과 잠재력을 가진 분야가 존재하고 있음을 알 수 있다. 이러한 지역별 특성을 체계적으로 조사하고 분석하여, 각 지역의 상황에 맞는 필요한 자원과 기술을 적절하게 활용할 수 있다면, 지역 발전에 크게 기여할 수 있는 좋은 사례가 될 것이다. 이 과정에서 지역

---

19) http://www.chiiki-dukuri-hyakka.or.jp/book/monthly/0504/html/t15.html

고유의 자원을 활용하여 새로운 가치를 창출하고, 지역 경제를 활성화시키는 동시에, 지역 주민들에게 새로운 일자리를 제공하여 지역사회의 전반적인 생활 수준을 향상시킬 수 있을 것이다. 따라서, 각 지역의 특성을 정밀하게 분석하고, 그에 맞는 전략을 개발하여 실행에 옮기는 것이 중요하다.

❖ 시골집 생활『낙원 신슈』: 신슈

농촌 '빈집 현상'으로 고민하는 일본이 생각 끝에 만든 사업이 시골 생활을 즐기며 옛 정취를 만끽하는 모델을 만드는 것이다. 이것은 지역적 자원을 활용한 것으로, 참가하고 있는 시읍면은 하라촌, 후지견정, 다쓰노정, 나가와촌, 오타리촌, 신슈신마치의 6개 읍촌이다. 시골집 생활 '낙원 신슈'의 개설은 '신슈 아질상 사업'에서 사업의 목적으로 만들어졌다. 현내의 다른 시읍면에도 참가를 호소하여 현과 시읍면이 협동하고 지역의 활성화를 하였다.

"아질(Asyl)"이란 '피난소', '벽촌' 등을 의미한 독일 단어로, 사업화의 검토 단계에서는, '빈집'을 활용하고 이주자를 받아들이고, 지역의 활성화를 도모하려고 하였다. 그 후, 도시권 생활자의 '지역'에서 주말 시골 즐기기 이주를 촉진하기 위한 시읍면의 자율적인 대처를 지원하고, 지역의 활성화를 도모한 것이 높이 평가되었다.

'낙원 신슈'라고 불리는 시골집 생활 프로젝트의 개설 배경에는 다양한 사회적 요인들이 포함되어 있다. 초기에는 지역의 주요 문제로 지적되었던 인구 과소화와 고령화로 인해, 지역 내에서 일할 수 있는 인력의 부족이 심각한 문제로 대두되었다. 이러한 상황에서 지역의 활성화와 인구 감소 문제를 해결하기 위한 하나의 대안으로, 젊은 세대를 유인하여 시골집으로의 이주를 촉진시키려는 목적을 가지고 이 프로젝트가 기획되었다. 그러나 시간이 흐르면서, 이 프로그램은 단순히 젊은 인력을 유치하는 것을 넘어서는 방향으로 확장되었다. 현재는 정년퇴직을 맞이한 약 100만 명의 사람들이 자신들의 노후를 보다 여유롭고 풍요롭게 보낼 수 있는 장소로서 '시골집 생활'에 대한 깊은 동경을 품고 있으며, 이러한 생활 방식으로의 전환을 적극적으로 희망하고 있다. 이러한 추세는 도시 생활의 번잡함과 스트레스에서 벗어나, 보다 자연 친화적이고 여유로운 삶을 찾아 나선 사람들의 욕구와 맞물려, 시골 지역으로의 이주를 촉진시키는 새로운 사회적 현상으로 자리 잡고 있다.

나가노현의 아즈미노 아트힐즈 뮤지엄

신슈소바

〈그림 20〉 일본 사례

지역 자원 개발모델 사례

❖ 밝고 활기찬 전통 가게 : 도쿠시마현 사다미쓰정

사다미쓰정은 도쿠시마현의 중서부에 위치하고 청류 요시노천이 흘러 들어가는 사다미쓰천 선상지의 인구 약 6천 명의 마을이다. 서일본 제2의 다카미네 침봉에 가장 가까운 등산 지역 등 다양한 자연환경(natural environment, 自然環境)과 문화자원을 갖고 상업과 교통의 요충으로서 번성하여 왔다.

밝고 활기 넘치는 가게의 매출이 근래, 산업화와 교통망의 발달과 대형 할인점의 등장 등으로 현지 가게에서 쇼핑을 하는 손님 수가 극격히 감소하여 매상 하락 상태였다. 친숙한 가게의 시대에서 현대화의 가게로 변하게 되었다.

퇴보된 가게를 이전과 같이 '밝고 활기 넘치는 가게' 라는 테마로 그 지역만의 독특한 이층 시가지를 활용하여 지역의 활성화에 연결하고자 했다. 그리하여 '사다미쓰정의 토요일제 실행 위원회'가 설립되어, 매월 첫 번째 토요일에 개최되는 위원회는 사다미쓰 중앙 상점가 회원 11명이 주체가 되어, 경비와 정보를 서로 교류하면서 토요일제를 시작하였다.

도쿠시마 성 박물관　　　　아와 춤 회관

〈그림 21〉 일본 사례

현지 농산물, 신선한 생선회 등 개별적인 매장이 활성화되면서 전통 상품을 개발하여 수타 우동, 경단, 두부산적, 꼬치구이, 수제 쿠키 등을 판매하였다. 사다미쓰의 풍토를 살리고, 그 계절의 다양한 특산품 및 과일로 예쁘게 거리를 장식하는등 '거리 이벤트'(콘서트, 라이브, 댄스 등의 체험)를 만들어 지역 주민과 친숙함을 가질 수 있는 지역 만들기를 목표로 하여, 잊혀져 가는 가게를 활성화하는 계기가 되었다.[20]

그 지역은 지역 주민과 타 지역에서 온 방문객들이 어우러져 교류할 수 있는 커뮤니티 공간으로 자리잡아, 지역 주민들의 인지도를 높이는 동시에, 사다미쓰정 전체의 지역 이미지를 전국적으로 향상시키는 것을 목표로 삼고 있다. 이곳에서는 전국 어디에서도 찾아볼 수 없는 독특한 "Only One 상점"을 운영함으로써 지역의 독특함과 매력을 극대화하고, 이를 통해 지역 활성화에 기여하고 있다. 뿐만 아니라, 이러한 고유한 점포들의 활성화는 현지 경제

---

[20] http://www.chiiki-dukuri-hyakka.or.jp/book/monthly/0504/html/t15.html.

에 긍정적인 영향을 미치며, 지역의 소득 증진에 큰 역할을 하고 있다. 이 과정에서, 개별 점포뿐만 아니라 전체 지역이 함께 성장하고 발전하는 모델을 구축하였고, 지역 주민들에게는 자긍심과 경제적 이익을, 방문객들에게는 새로운 경험과 만족을 제공하며, 지역 경제의 지속 가능한 성장을 도모하고 있다.

❖ **매력 있는 지역으로 재생 : 구로카베**

구로카베 지역은 1980년대 중반까지만 해도 주변 지역의 중심 상권으로 자리매김하며, 주말마다 및 공휴일에는 행락객으로 가득 찬 활기찬 곳이었다. 그 당시에는 지역 상인들과 방문객들 사이의 활발한 교류와 상호 작용이 이루어지며, 지역 경제에 크게 기여하는 번화가로서의 역할을 톡톡히 해냈다. 하지만 고도성장기를 거치며, 특히 도시 교외 지역에 대형 쇼핑몰과 매장들이 들어서기 시작하면서 상황이 급변하기 시작했다. 점점 더 많은 고객들이 편리한 교통과 다양한 상품을 제공하는 대형 매장으로 발걸음을 돌리기 시작했고, 이로 인해 구로카베 지역의 상점들은 하나둘씩 고객을 잃어가기 시작했다. 1988년이 되자, 이러한 변화는 상점가에 더욱 큰 타격을 주었고, 결국 수많은 상점들이 문을 닫게 되면서 한때 붐비던 거리는 썰렁하고 쇠퇴한 모습으로 변모하게 되었다. 지역 경제에 심각한 영향을 미치며, 구로카베 지역을 한때의 활기찬 모습에서 멀어지게 만든 주된 원인 중 하나가 되었다.

구로카베 지역의 위기를 실감하게 된 순간은, 지역의 유지들이 실태 조사를 벌인 후에야 명확해졌다. 이들이 조사를 실시한 결과, 예전에는 끊임없이 사람들로 북적였던 거리를 2시간 동안 지나간 행락객이 겨우 네 명에 불과했다는 충격적인 사실이 밝혀졌다. 과거와 비교하여 지역의 상황이 얼마나 심각하게 변화했는지를 가감 없이 보여주는 결과였다. 더욱이, 이 지역 중심가의 상징과도 같았던 지방은행의 지점 건물이 철거될 것이라는 소식이 전해지면서, 지역 상인들 사이에는 더욱 큰 위기감이 팽배해졌다.

이에 대한 반응으로, 상점 주인들은 급박하게 변화하는 상황에 맞서 결단을 내리게 되었다. 그들은 "은행 지점이 헐리면 우리 상점도 이곳에서의 마지막 날이 될 것이다. 우리 손으로 이 건물을 사들여, 상점가 활성화의 새로운 거점으로 만들자."고 결의를 다졌다. 이들의 이러한 결심은 지역의 현 상황을 타개하고, 다시 한번 지역의 활력을 되찾기 위한 강력한 의지의 표현이었다.

당시 지역 활성화에 앞장섰던 사사하라 모리아키(笹原司朗)는 지금도 그때의 절망감을 생생하게 기억하고 있다. 그는 지역 상인들과 함께 당면한 위기를 극복하려는 노력을 기울였으며, 그 과정에서 겪었던 어려움과 절망, 그리고 그에 맞서 싸웠던 당시의 경험은 그의 기억 속에 오래도록 남아 있다. 이러한 과거의 경험은 그와 지역사회에 있어 중요한 교훈이 되었으며, 앞으로의 활동에 있어 소중한 밑거름이 되고 있다.

구로카베 스퀘어

<그림 22> 일본 사례

시당국과 지역 경제계가 함께 자본을 출자해 지역 활성화를 목적으로한 지자체와 민간 합작기업을 만들기로 했다. 1억 3천만 엔의 자본금 중 '시'가 4천만 엔을 나머지 9천만 엔은 빌딩 임대업, 호텔, 건설업, 섬유 도매, 술집, 신용금고 등 8개 사가 나눴다. 사사하라는 출자 당시 '시'로부터 민간 주도로 이끌어가겠다는 약속을 받고 철저한 인사관리를 하였다.

새로 구성된 이사회는 곧 바로 벽색깔이 검은색이라 구로카베(黒壁)라 불리던 지점 건물을 9천5백만 엔에 사들인 후 나머지 돈을 들여 깨끗이 개장했다. 중심상점가가 돈 많은 대기업들의 진출로 무너졌으니 돈이 아닌 다른 무기로 경쟁할 필요가 있다는 결론을 내렸다. 그래서 대안으로 떠오른 것이 '유리세공'이다. 나가하마시의 역사와 지역 문화성을 살리는 것이라고 아이디어를 냈다.

건물은 곧바로 유럽산 유리세공 작품의 수입 판매와 자체 제작품의 매장으로 바뀌었다. 그런데 상점 오픈 2개월 만에 2만 명의 관광객이 몰려드는 현상이 벌어졌다. 그 후로도 손님은 계속 늘어났고 5개월 후에는 "될 것이라는 판단이 섰다."고 사사하라는 말했다. 주변 상점가도 덩달아 활기를 띠기 시작했다.

새 회사의 전무를 맡은 사사하라를 비롯한 경영진은 '구로카베 글래스관館'을 시작으로 주변의 문 닫은 건물을 사들여 공방, 유리예술품을 살린 레스토랑, 찻집, 토산물 가게 등을 열어갔다.[21]

구로카베에서의 변화와 발전은 단순히 외적 성장의 차원을 넘어서, 지역 전체가 과거의 쇠락을 완전히 벗어나 일본 내에서 손꼽히는 활기찬 마을로의 변화를 이룬 데에서 그 진정한 의의를 찾을 수 있다고 평가받고 있다. 이러한 변화는 "작은 것부터 차근차근 시작하자."는 겸손하지만 실질적인 접근 방식에서 비롯된 것이다. 구로카베의 이러한 접근은, 큰 자본을 들여 대규모 건물부터 세우는 방식의 단점을 지적하며, 곧 경제적 리스크를 높이고 지속 가능하지 않은 발전을 초래할 위험을 내포하고 있다고 경고한다. 이에 대해, 구로카베의 대표는 "우리는 도쿄를 모방하거나 도쿄의 시각에서 모든 것을 판단해서는 안 된다."고 강조한다. 대신, "우리 지역만의 고유한 특성과, 타 지역에서는 쉽게 따라 할 수 없는 독특한 요소들을 발굴하고 강화해 나가는 정신이 필요하다."고 주장했다.

---

21) http://www.kurokabe.co.jp.

이러한 철학과 변화의 과정은 일본 전국의 다른 소도시들에게도 중요한 학습 포인트가 되고 있으며, 많은 사람들이 구로카베의 성공 사례를 배우기 위해 이곳을 방문하고 있다.

❖ 아트(Art) 플랜(Plan)21 : 미카와 사쿠도

사쿠도 지역의 고령화 문제와 교통의 불편함이라는 기존의 약점을 전략적으로 재해석하고 재구성함으로써, 이 지역을 매력적인 섬으로 변모시키는 것을 목표로 하고 있다. 이 계획은 사쿠도를 방문하는 사람들로 하여금 이곳에서의 생활을 진정으로 즐길 수 있게 만들고자 하는 야심 찬 목표 아래 기획되었다. 프로젝트의 핵심은, 지역의 약점이라고 여겨졌던 요소들을 실제로는 독특한 매력과 잠재력을 지닌 자산으로 변모시키려는 새로운 생각의 전환에 있다.

이 새로운 접근 방식의 일환으로, 사쿠도의 고유한 자연환경, 역사가 깃든 오래된 주택들, 그리고 노인들이 운영하는 미카와 해변 등을 중심으로 새로운 상품과 서비스를 개발하기로 결정했다. 또한, 사쿠도의 신선하고 맛있는 해산물은 이 지역의 또 다른 큰 자산으로, 이를 활용한 식품 및 관광 상품 개발을 통해 지역 경제에 새로운 활력을 불어넣을 계획이다. 이러한 전략적 접근은 사쿠도를 단순한 방문 장소가 아닌, 주민들과 관광객들이 모두 지역의 고유한 생활 방식과 문화를 체험하고 즐길 수 있는 매력적인 섬으로 탈바꿈

시키려는 야심 찬 목표를 담고 있다. 결국, 이러한 변화와 발전은 사쿠도 지역이 직면한 여러 도전을 기회로 바꾸고, 지역의 지속 가능한 성장과 발전을 도모하는 기반이 되었다.

이 지역은 아트의 본질을 정신적인 것으로 보고, 그것을 지역 가운데에서 실현함에 있어서, 지역성의 특성과 구체적으로 결부시키려고 하였다. 섬의 역사나 문화(Culture), 특히 축제 등이 특징적인 풍습과 아트를 조화롭게 함으로써 주민들의 강한 의지로 현지의 아트 코디네이터(coordinator)가 전문 지식과 경험으로 주민을 서포트(support)하는 형태를 취했다.

'전통과 현대'를 '축제와 아트'로 결부시켜, 선단을 가는 젊은이들의 사이에서 '축제'라는 하나의 키워드(key word)가 되었다. 금년은 '봉오도리 미인대 개장', '가을의 성대한 축제', '8일 강'을, 여름·가을·겨울의 시즌(season)에 나누어 아트 프로젝트(project)를 중심으로 구성하였다.

미카와 사쿠도

〈그림 23〉 일본 사례

"미카와사쿠도 아트 플랜 21"은 현대적 감각과 혁신적 사고를 결합하여 새로운 시대의 사쿠도를 창조하고자 하는 야심 찬 목표 아래 기획되었다. 이 계획의 중심에는 섬의 전통적인 축제와 문화가 자리 잡고 있으며, 특별히 이러한 요소들에 집중하고 초점을 맞추어 섬의 고유한 가치를 발굴하고 강화하는 데 주력하고 있다. 이러한 접근은 아트, 즉 예술이 지닌 깊은 힘과 넓은 가능성을 활용하여, 섬 전체를 활성화시키고, 섬과 그 주민들이 지닌 무한한 가능성을 탐구하고 개척하는 데 초점을 맞추고 있다.

미카와사쿠도 아트 플랜 21은 예술의 힘을 통해 지역사회의 변화와 발전을 도모하고자 한다. 섬의 자연환경, 역사, 전통을 예술적 시각으로 재해석하고, 새로운 관광객 유치 전략을 수립하고 지역 경제를 촉진하는 것을 목적으로 하였으며 또한, 이 프로젝트는 섬에 새로운 에너지와 창의력을 불어넣으며, 섬 주민들과의 협력을 통해 지역 고유의 예술과 문화를 보존하고 발전시키는 것을 목표로 하고 있다. 이러한 과정에서, 미카와사쿠도 아트 플랜 21은 섬과 주민들의 이야기를 국내외에 전달하고, 지역사회에 새로운 생명을 불어넣는 중요한 역할을 수행하고 있다.

친환경적 개발모델

❖ **독창적이며 자발적인 지역 녹화 : 히바루 오카야마수**

다카라즈카시의 히바루 오카야마수 지역은, 교외 주택의 선두로 자연과의 조화를 중시하여 개발된 역사 있는 신록이 풍부한 주택지이다. 대지진 이후, 개발이 잇따르고 행해지면서 환경이 급격하게 파괴되었다. 관련자들은 자연환경(natural environment)을 유지하고 계승하는 것은 그들의 역할이라고 생각하고, '우리 거리의 자연 문화사람을 지키고 기르자!' 라는 테마로 지역 활동을 전개하였다. 지역의 아이덴티티(Identity)를 유지 계승하여 숲을 보존하는 다양한 아이디어가 나왔다.

그곳의 주된 성과는 첫째로, 지역의 역사를 되돌아보고, 미래에 전승하기 위한 서적을 출판하여 지역 주민과의 정보를 공유하였다. 둘째는 마을 조성 규칙을 제안서의 기준으로 '산 기슭부 주택지의 마을 조성 규범의 기본형'을 만들었다. 그 성과가 생각보다 좋아 시내 타 지구에도 확대 실시 중이다. 셋째는, 다채로운 숲 만들기가 지역의 커뮤니티를 만들어냈고, 육아, 지역 복지의 발전증진으로 아이의 녹색공부회, 녹색 나무 그늘 공부회, 녹색 나무그늘 음악회, 양로원 음악회 등 단순한 녹화 사업에서 많은 부분으로 확대되고 있다.

동남아시아 여러 나라에서 식목 지원 활동으로 '녹색 지키기'에서 '녹색 키우기'로 발전시키고, 현재는 "녹색 즐기기" 단계를 전개 중이다. 이것은 "녹색을 키우며 사람을 키우는" 활동에 진화 단계로 발전하고 있다. 또한, 그 지역 대표들이 동남 아시아 식목의 지원 및 교육 지원의 활동을 하고 있다. 작년, "Green Solutions"를 설립하여, 그 지역만의 노하우를 전 세계로 파급 확대하고 있다.

❖ 시즈오카현 : 녹차 클러스터

일본의 녹차 주산단지인 시즈오카현은 녹자 글리스터를 구성해 성공한 사례로 꼽힌다. 시즈오카현은 농업생산액의 4분의 1이 녹차인 지역으로 녹차가 지역경제에 미치는 영향은 지대하다. 이 지역이 녹차 클러스터로 성공한 것은 시즈오카현 차업협의회와 세계녹차협회가 서로 차에 관한 문화와 산업 및 기술 등을 연구하고 교류하면서 시너지를 높였기 때문이다. 또 차업시업장에서는 품종개량 및 재배시험, 신제품 개발, 기술지도 등을 실시하는 등 산학관연의 운영체계를 확립했다.

시즈오카현

<그림 24> 일본 사례

체험적 커뮤니티 개발모델

❖ 자연 체험촌 '곤충의 집' : <u>오호츠크</u>

오호츠크 지역에 위치한 '곤충의 집'은 휴대 전화 신호조차 닿지 않는 깊은 산속의 조용한 환경에 자리 잡고 있다. 이 특별한 장소는 원래 폐교였던 건물을 활용하여 만들어졌으며, 그 시작은 다카자와 씨라는 한 개인의 간절한 희망에서 비롯되었다. 다카자와 씨는 이 지역의 아이들이 자연을 가까이 할 수 있는 공간이 마련되길 바라며, 폐교였던 이곳을 다시 아이들의 웃음소리로 가득 찬 학습과 체험의 장으로 변모시키고자 했다. 그의 비전은 '곤충의 집'이라는 독특한 자연 체험촌을 조성하는 데 큰 영감을 주었다.

비록 다카자와씨가 프로젝트를 완성하기 전에 세상을 떠났지만, 그와 함께 시설을 만들어 온 지역 주민들은 그의 뜻을 이어받아 '곤충을 꿈꾸는 벗들의 모임'을 결성하였다. 주민들은 정부나 지방자치 단체의 지원 없이도, 자발적으로 휴일을 활용하여 시설의 유지보수에 나섰다. 하지만 시설의 지속적인 유지와 운영을 위해서는 상당한 경비가 필요했고, 이에 따라 주민들은 지역 내외를 막론하고 더 많은 회원을 모집하기 시작했다. 또한, 기업 후원을 받기 위해 노력했고, 다양한 전문가와 협력하여 시설의 개선 작업을 진행했다. 토목 업자의 도움으로 연못이 새롭게 정비되었고, 내장업자의 기술로 벽지가 새로이 붙여지는 등, 여러 분야의 전문가들이 자발적으로 협력하여 '곤충의 집'의 변화와 발전을 도왔다.

이러한 지역 주민들의 노력과 다양한 분야의 전문가들의 지원으로, '곤충의 집'은 자연을 사랑하고 이해하는 공간으로서, 지역 아이들뿐만 아니라 모든 방문객에게 새로운 경험을 제공하는 곳으로 자리매김하게 되었다.

핵가족화가 되면서 아이들은 친형제와 함께 생활할 기회가 적어졌다. 이런 아이들이 여름휴가 2주일을 곤충의 집에서 합숙을 하면서 '자연 체험촌' 사업으로서 시작을 했다. 오호츠크의 지역성을 활용한 다양한 프로그램을 현지의 협력을 받으며 체험학습을 실시하여, 아이 뿐만 아니라 부모로부터도 높은 평가를 얻었다. [22]

---

22) http://www.chiiki-dukuri-hyakka.or.jp/book/monthly/0504/html/t15.html.

지역 주민들 사이의 강한 연대감과 공동체 정신은, 자칫 낙후될 수 있는 지역에 새로운 희망의 빛을 발하게 하며, 자연 및 환경적 자원을 발굴하고 개발하는 중요한 원동력이 된다. 종종 눈에 띄지 않는 문화적 영향이 결국은 지역 문화 클러스터의 형성과 발전에 필수적인 요소임을 우리는 인지해야 한다. 지역사회의 문화적 독창성과 특성은 그 지역만의 유니크한 매력을 창출하며, 이는 다시 지역 경제와 사회에 긍정적인 영향을 미치게 된다.

일본을 비롯한 여러 나라의 다양한 지역에서는 현재 문화 마을 만들기와 같은 다양한 시책들이 실현되고 있으며, 이러한 사례들은 각 지역의 문화적 가치와 역사적 배경을 바탕으로 구성된다. 물론, 모든 지역의 문화 마을 만들기 프로젝트를 한데 모아 모든 상황에 적용할 수는 없다. 하지만, 이러한 사례들을 참고 자료로 활용하여 각 지역의 특성과 환경, 상황에 맞게 재해석하고 적용하는 것은 지역 발전을 위해 매우 중요하다.

따라서, 각 지역의 고유한 문화와 전통, 환경을 고려한 문화 마을 만들기 프로젝트를 구상하고 실행함으로써, 지역의 문화적 영향력을 극대화하고, 지역 경제와 사회의 활성화를 이끌어낼 수 있다. 이 과정에서 지역 주민들의 참여와 협력이 중요하며, 이를 통해 지역 문화 클러스터 형성의 실질적인 원동력을 확보할 수 있다. 또한, 지역사회의 지속 가능한 발전을 위한 핵심적인 요소로 작용할 것이다.

❖ 아이를 위한 문화 예술 공간 : 미야자끼

어린이들에게 문화와 예술을 체험할 수 있는 풍부한 기회를 제공하는 것을 목표로 하고 있다. 이러한 공간을 제공하는 것은, 아이들이 문화적 가치와 예술적 표현을 직접 경험하고 이해할 수 있게 함으로써, 그들의 창의력과 상상력을 촉진하고 발달시키는 데에 있어 매우 중요하다. 학교 교육 및 평생학습 프로그램 내에서 문화 예술의 중요성을 어떻게 조성하고 강화할지 고민하는 것은, 지역의 문화유산을 보존하고 이어나가는 일과도 직결된다.

이러한 공간은 지역의 아이들이 자신들이 속한 공동체의 문화적 배경과 역사를 배우고 이해할 수 있는 중요한 기반이 된다. 또한, 아이들이 자신들의 향토에 대한 사랑과 자긍심을 기르는 데 중요한 역할을 한다. 문화 예술공간에서의 다양한 활동과 프로그램은 아이들에게 지역의 문화적 정체성을 탐색하고, 자신들의 일상생활과 연결지어 생각할 기회를 제공한다. 이렇게 함으로써, 미야자키의 어린이들은 자신들의 지역과 그 역사에 대해 더 깊은 이해를 갖게 되고, 문화적으로 풍부하고 다양한 시각을 개발할 수 있게 된다. 결론적으로, '아이를 위한 문화 예술 공간 - 미야자키' 프로젝트는 아이들이 문화 예술을 통해 자신들의 정체성을 탐색하고, 자신들이 속한 지역사회에 대해 더 깊은 애착과 이해를 발전시킬 수 있도록 돕는 중요한 기회를 제공한다.

미야끼시

<그림 25> 일본 사례

미야자끼시는 "미야자끼 과학기술관", "미야자끼 역사문화저택", "오오요도천 학습관", "미야자끼 시민문화홀", "미야자끼 시민플라자"등의 문화 예술의 거점 시설이 많다. 각각 독자적으로 아이를 위한 강좌나 체험학습 등의 프로그램을 운영하고 있다. 21 세기를 짊어지는 아이들에게 과학·역사 그리고 지역의 전통은 문화 예술에 대한 애착을 갖게 하려고 환경을 정비하였다.

그 사례로 '미야자키 시민문화홀'에서 창작활동을 지원해 주며, 문화 예술 활동에 있어, 개인이나 단체를 불문하고 발표의 기회를 주었다. 미야자끼시 문화진흥기금을 활용한 지원으로 시민이 실시한 전시회나 공연, 문화 교류 등의 다양한 사업에 대하여 지역 문화 활동 보조금을 지원하는 등, 시민의 문화 예술 활동을 적극 지원하는데 노력하고 있다.

어린이의 문화를 위한 공간으로 만지고, 참가하고, 계승시키기 위해 창조의 기회를 제공하며, 예술 작품이나 무대 예술 등을 체험하는 기회도 주어졌다.

문화 예술의 장르를 교육 현장에 도입하여 아이의 무한 가능성을 표현하게 하는 시도나, 본인이 창조한 즐거움을 피부로 체험하게 하는 학습으로 진행되었다. 이곳의 '주니어(junior) 오케스트라(orchestra)' 등은 아이들에 의한 창작 활동과, 조상께 바치는 음악 등으로 옛 조상을 섬기는 행사를 행하고 있다. [23]

위에서 제시된 사례들을 통해 명확히 드러나듯이, 문화의 발전과 활성화는 단순히 지역 주민의 관심 사항에 국한되는 것이 아니다. 오히려, 지역 내의 다양한 자원과 지자체를 포함한 여러 관계자 간의 긴밀한 협력과 팀워크가 필수적이다. 이러한 협력을 통해 문화 환경의 정비와 적극적인 관리를 진행하고, 또한 새로운 시대의 요구와 기대에 부응하는 문화 리더십과 지도자를 양성하는 것은 지역 문화의 시속 가능한 발전을 위해 매우 중요한 요소이다.

더 나아가, 시대의 변화에 맞춘 자원 개발은 지역 문화의 활성화뿐만 아니라, 지역 경제와 사회 전반에 걸쳐 긍정적인 영향을 미친다. 지역 문화를 새롭게 조명하고, 지역 내외부 관광객을 유치하여 지역 경제에 활력을 불어넣을 수 있으며, 지역사회의 자긍심과 정체성을 강화하는 데에도 크게 기여한다. 따라서, 문화 발전 과정에서 지역 자원의 발굴 및 활용, 지자체의 적극적인 지원과 정책 마련, 그리고 커뮤니티 내 리더십의 강화는 모두 서로 연결되어 있으며, 이를 통해 구축되는 강력한 협력 네트워크는 지역 문화의 번영을 위한 핵심적인 요소가 된다.

---

23) http://www.city.miyazaki.miyazaki.jp/gyousei/html/pcomment/comment/16bunka/pdf/04.pdf.

❖ 하기소 하나레(HAGISO Hanare) : 도쿄(Tokyo, 東京)

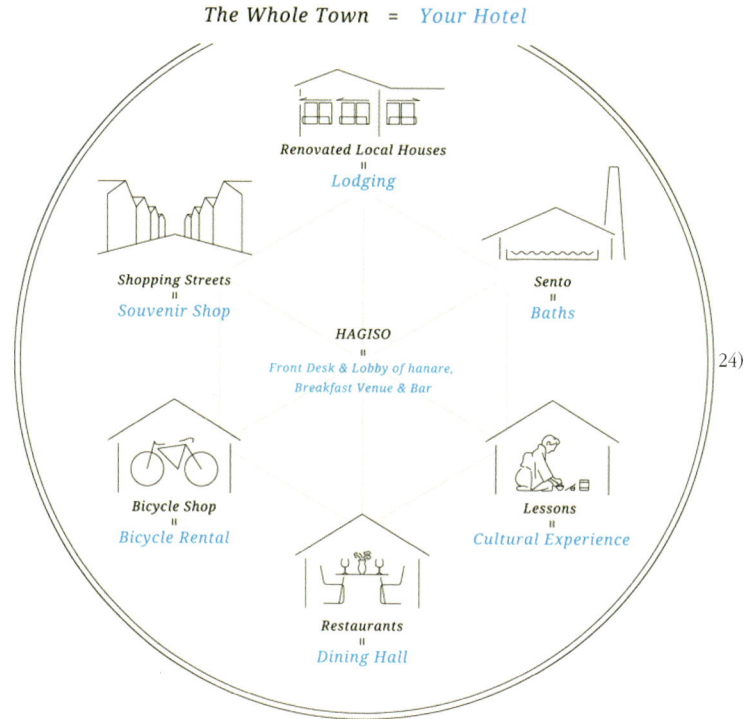

24)

하기소 하나레(HAGISO Hanare)는 독특한 개념을 바탕으로 한 프로젝트로서, '마을 전체를 하나의 큰 호텔'로 간주하며, 이와 같은 발상 아래에서 운영되고 있다. 위치는 도쿄 닛포리(東京日暮里)역 인근에 위치해 있으며, 미야자키 부부에 의해 운영되는 검은색의 눈에 띄는 건물인 하기소(HAGISO) 내에 자리 잡고 있다. 이곳은 약 60년 전에 지어진 전통적인 목조 건물을 허물고 새롭게 지어진,

---

24) https://hanare.hagiso.jp/.

'최소 문화 복합시설'로서, 카페, 갤러리, 대여 공간, 그리고 건축 사무소 등으로 구성되어 있다.

숙박 시설 자체에는 숙박 외에 많은 시설이 준비되어 있지 않지만, 아침식사와 기본적인 샤워 시설을 제외하고는, 고객들에게 마을 내의 식당이나 공공 목욕탕 등 지역 시설을 이용할 것을 권장한다. 고객들은 지역사회와 더욱 깊이 연결될 수 있다. 체크인 후 제공되는 지도에는 낮과 밤에 방문하기 좋은 지역 내의 다양한 장소들이 상세하게 표시되어 있어, 방문객들이 이 지역을 쉽게 탐색하고 즐길 수 있도록 돕는다.

〈그림 27〉 하기소 전경

또한, 하기 카페에서는 듬뿍 들어간 채소와 일본 각 지역의 신선한 농산물을 활용한 '여행하는 조식(트래블링 브레이크패스트)'을 제공하여 방문객들에게 큰 인기를 얻고 있다. 최근에는 '여행하는 조식 제7탄'으로 돗토리현의 신선한 농산물을 이용한 아침 식사를 선보였다. 타요리는 현대적이면서도 세련된 공

---

25) https://hanare.hagiso.jp/.

간으로, 다양한 반찬들을 테이크아웃할 수 있는 반찬 가게이며, 커피를 마시며 잠시 휴식을 취할 수 있는 공간도 마련되어 있다. 이 공간은 야나카의 오래된 민가를 개조하여 만들어진 것으로, 고운 엽서와 펜이 마련되어 있어 방문객들이 직접 농산물을 재배한 농가에 감사의 편지를 쓸 수 있으며, 우편함에 넣으면 하기소 담당자가 이를 농가로 전달하는 독특한 시스템을 갖추고 있다. 이러한 세심한 배려는 각 지역의 농가에 대한 감사의 마음을 전달하는 중요한 방법으로 자리잡고 있다.

06
지역 문화 클러스터 개발 전략

지역 내에서의 브랜드 성장은 단순히 경제적 이익만을 목적으로 해서는 안 된다. 문화적 가치와 깊이가 풍부하며, 지역사회의 진정으로 풍요로운 생활을 증진시킬 수 있는 방향으로 기획되고 실행되어야 한다. 지역 브랜드의 성장과 발전은 해당 지역의 문화적 정체성, 역사적 가치, 그리고 사회적 유산을 반영하며, 지역 커뮤니티의 다양성과 창의력을 증진하는 데 중요한 역할을 할 수 있다. 이러한 과정을 통해 지역 브랜드는 단순한 상품이나 서비스를 넘어 지역의 정체성과 문화를 세계에 알리는 데 기여할 수 있다.

경제학자 조셉 슘페터의 이론에 따르면, '지역은 정신과 창조적 파괴가 없는 곳에서는 발전할 수 없다'고 말했다. 지역 발전이 단지 물리적인 성장에 국한되지 않고, 지역 내에서의 지속 가능한 혁신과 변화가 필수적임을 의미한다. 슘페터에 의하면, 창조적 파괴는 구시대적인 요소들을 제거하고 새롭고 혁신적인 요소들로 대체하는 과정으로, 자본주의의 내생적 발전 과정의 핵심이다. 이러한 관점에서 볼 때, 지역의 혁신 수행과 창조적 파괴 과정은 지역의 경제적, 문화적, 사회적 환경을 새롭게 형성하고, 지역사회의 지속 가능한 발전을 촉진하는 중요한 역할을 한다.

따라서, 지역 내에서의 브랜드 성장과 발전은 창조적이고 혁신적인 접근을 필요로 하며, 지역의 문화적 특성과 정신을 기반으로 해야 한다. 이 과정에서, 지역사회는 창조적 파괴를 통해 새로운 기회를 발견하고, 새로운 시대의 요구에 부응하는 지속 가능한 발전 모델을 구축할 수 있으며 지역은 더욱 문화적으로 풍요로우며, 경제적으로 활성화된 공동체로 거듭날 수 있다.

21세기 지역개발의 중심에는 '브랜드'와 '문화'라는 두 핵심 키워드가 자리 잡고 있다. 본서에서는 지역 문화 클러스터 개발 전략을 깊이 있게 다루면서, 특히 네 가지 주요 전략을 제시하고 있다. 첫 번째 전략은 지역의 새로운 브랜드 창출을 목표로 한 캠페인 개발모델에 초점을 맞추고 있으며, 지역 고유의 특성과 장점을 살려 새로운 브랜드를 구축하고, 이를 널리 알리기 위한 다양한 마케팅 활동을 포함한다.

두 번째 전략은 지역의 역사성과 전통성을 중심으로 한 지역 자원의 개발모델을 다루고 있으며, 지역의 역사적인 배경과 전통적인 가치를 재발견하고 이를 통해 지역의 독특한 문화적 자산을 개발하고 보존하는 데 중점을 둔다.

세 번째 전략은 자연녹지 및 환경자원을 상품화하는 친환경적 개발모델을 제시하고 있으며, 지속 가능한 개발을 목표로 하여 지역의 자연환경을 보호하고, 이를 기반으로 한 관광 상품이나 서비스를 개발함으로써 경제적 가치를 창출하려는 노력을 포함한다.

마지막 네 번째 전략은 지역의 콘텐츠를 활용하고 시간과 공간의 커뮤니케이션적 요소를 뒷받침하는 체험적 커뮤니티 개발모델을 강조한다. 지역 고유의 이야기, 예술, 공연 등을 활용하여 방문자와 주민들에게 풍부한 체험 기회를 제공하고, 이를 통해 지역사회의 공동체 의식을 강화하고 지역 경제를 활성화시키는 것을 목적으로 한다. 이러한 전략들은 각각의 지역이 직면한 고유한 문제와 기회를 고려하여 맞춤화되어야 하며, 지역의 지속 가능한 발전과 문화적 부흥을 이루는 것을 목표로 한다.

<마이클 포터의 클러스터에 대한 정의를 일본식으로 해석>

1. **인재 유동성 및 유인능력의 향상** : 매력 있는 지역으로 개발해 국내외에 개방
2. **공공 R&D 거점의 형성 및 기능강화** : 신지식 창출의 핵심으로서 대학 및 공공 연구기관의 사명 수행
3. **"장"의 형성 및 네트워크 구축을 통한 분야간 제휴의 심화** : 제도개혁에서 인재 유동화를 통한 기능개혁의 단계로
4. **다양한 Key Person에 의한 일본형 지도력 구축** : 미래전략을 예측하는 통찰력과 혜안, 구심력을 소유한 인재의 육성
5. **하이테크 벤처지역의 역할 부상과 지역 벤처지역의 육성기능 강화** : 조직간 경계를 초월, 매개할 수 있는 새로운 인물 육성
6. **다중 클러스터화 촉진** : 시장 및 인재유동의 글로벌화에 기초한 클러스터의 성장단계 진화

[26]

---

26) Techno Leaders' Digest,『세계는 지금』, 한국과학기술정보연구원.

지역의 문화 클러스터 전략은 지역 내 존재하는 다양한 상품, 생산 기술, 시장 자원을 전략적으로 재평가하고 재창조함으로써, 이를 보다 네트워크화되고 글로벌화된 시장 환경에 맞게 적절히 재배치하는 과정을 포함한다. 이 전략의 근본적인 목적은 지역 고유의 문화적 가치와 자산을 현대적이고 혁신적인 방식으로 변환하여, 지역 경제의 활성화와 지속 가능한 발전을 촉진하는 데에 있다. 또한, 이 과정에서는 지역 간, 그리고 지역 내 다양한 이해관계자 간의 정보 교류와 협력을 강화함으로써, 상호 보완적인 관계를 구축하고 공동의 목표를 향해 나아가는 시너지 효과를 창출하는 것이 중요하다.

지역의 문화, 역사, 예술 및 기타 자원을 기반으로 하여, 새로운 비즈니스 기회를 발굴하고, 혁신적인 상품과 서비스를 개발하여, 지역사회의 경제적, 사회적, 문화적 번영을 도모하는 것을 목표로 한다. 문화 클러스터 전략을 통해 지역은 자신의 고유한 특성을 살리면서도, 글로벌 시장의 요구와 트렌드에 부응하는 새로운 경로를 모색할 수 있으며, 지역사회의 활력을 증진시키고, 지역 주민들의 삶의 질을 향상시키는 중요한 수단이 된다. 이러한 접근은 지역이 직면한 도전을 극복하고, 새로운 성장 동력을 찾으며, 동시에 지역 문화의 독특성과 다양성을 전 세계에 알리는 데 크게 기여할 것이다.

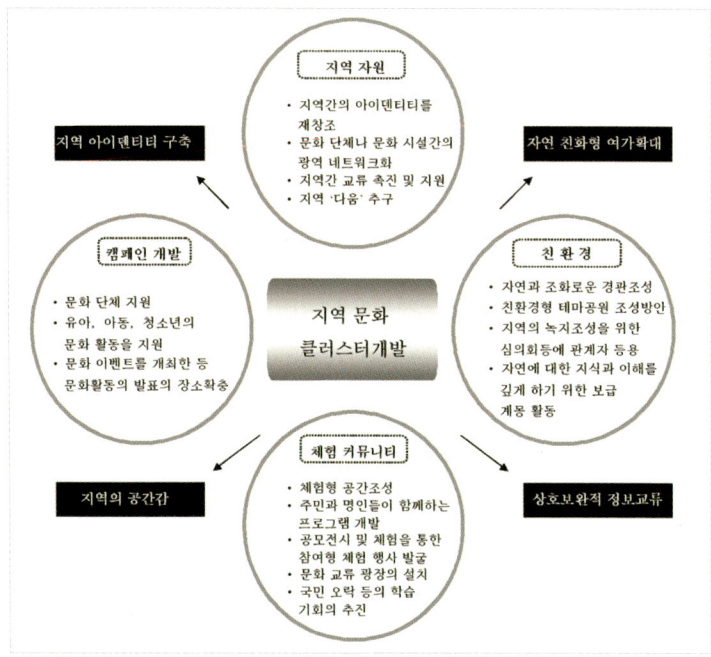

<그림 28> 문화 클러스터 개발 전략

캠페인 개발모델

특정 지역을 방문했을 때, 그곳만의 독특한 향기와 분위기를 느낄 수 있어야한다는 것은 해당 지역이 지니고 있는 고유한 매력과 정체성을 반영하는 중요한 요소이다. 만약 어떤 지역이 그 매력을 잃어버렸다면, 새로운 아이디어를 창출하고 환경을 보전하는 동시에, 지역 커뮤니티의 유지 및 활성화에 집중하는 것이 필수적이다. 이러한 접근은 지역의 문화적, 환경적 가치를 재확

인하고 강화하는 데 중요한 역할을 한다.

또한, 지역에서 다양한 국제적 이벤트를 개최하는 것은 그 지역을 세계 무대에 소개하고, 전 세계 사람들이 해당 지역을 방문하게 만드는 유력한 방법이다. 이러한 이벤트들은 광고, 홍보 활동과 결합되어, 특정 지방의 문화와 매력을 세계에 널리 알리는 효과적인 수단이 된다. 이 과정에서 생성되는 긍정적인 국제적 관심과 평가는 지역의 아이덴티티(Identity)를 강화하고, 새로운 지역적 정체성을 만들어나가는 데 기여할 것이다.

세계적으로 통용될 수 있는 매력적인 지역 경관을 창조하는 것은 단순히 미적인 가치를 넘어서는 문화적 창조의 과정이다. 지역의 이미지와 정체성을 문화적으로 다시 창조하고 정의하는 작업이며, 해당 지역은 자신만의 독특한 문화적 특성과 가치를 세계에 알리게 된다. 이 과정은 지역사회의 참여와 협력을 바탕으로 이루어지며, 지역의 문화적 가치를 존중하고 보존하는 동시에, 새로운 관점과 창의력을 통해 그 가치를 현대적이고 글로벌한 맥락에서 재해석하고 발전시키는 것을 포함한다. 이렇게 함으로써, 지역은 자신의 고유한 매력을 유지하고 강화하는 동시에, 전 세계적으로 인정받고 방문객을 유치하는 매력적인 목적지로 거듭날 수 있다.

매력적인 지역을 개발하기 위한 캠페인을 수행하는 데 있어, 첫 번째 단계로는 지역의 물리적 특성을 명확하게 파악하고 이를 기반으로 지역을 적극적으로 발전시키기 위한 포괄적인 시스템을 구축하는 것이 중요하다. 이 과정에서는 지리적 위치, 자연 자원, 역사적 유산 등 지역의 고유한 물리적 요소를 고려해야 하며, 이를 보존하고 강화하는 동시에 지역의 경제적, 사회적 발전을 도모하기 위한 다양한 계획과 프로그램을 마련해야 한다.

두 번째로는 지역 고유의 독특한 특성을 발견하고, 이를 지역의 일상생활과 밀접하게 연결시켜 활성화하는 움직임을 강화해야 한다. 지역문화, 전통, 예술 등을 살리고, 지역 주민과 방문객들이 이러한 특성을 쉽게 경험하고 접근할 수 있도록 하는 소프트웨어적 접근이 필요하다. 이때 지역의 이야기, 예술, 전통을 현대적인 관점에서 재해석하여, 지역 주민들과 방문객들이 쉽게 소통하고 공감할 수 있는 콘텐츠를 제작하는 것을 포함한다.

셋째로, 지역의 문화적 자생력을 강화하고 널리 전파하여 지역의 매력을 국내외에 확립하는 것이 중요하다. 지역 문화의 독창성과 다양성을 적극적으로 강조하고, 지속 가능한 방식으로 보존하고 발전시키는 전략을 구축해야 한다. 또한, 지역 문화의 독특한 매력을 다른 지역과 차별화하여, 지역을 대표하는 브랜드로 발전시킬 수 있는 기회를 창출해야 한다.

결국, 디지털 시대의 지방분권은 문화 분권의 관점에서 접근될 수 있다. 지역의 다원화, 정보화 및 통합화 과정을 통해, 지역의 독특한 특성과 가치를 현대적이고 디지털화된 방식으로 디자인하고 전파함으로써, 지역을 더욱 밝고, 매력적이며, 활기찬 곳으로 변화시키는 것이다. 이 과정에서 지역 커뮤니티의 참여와 협력, 혁신적인 아이디어와 기술의 적용이 필수적이며, 이는 지역의 문화적 매력과 정체성을 강화하고, 지역사회의 지속 가능한 발전을 도모하는 것이다.

【전략방안】

- 문화 활동을 행하는 단체 등에 대한 지원
- 유아, 아동, 청소년의 문화 활동을 지원
- 시민 주체의 공연, 전시회에의 유형·무형의 지원
- 문화 이벤트를 개최하는 등 문화활동의 발표 장소 확충
- 지역 문화제 (개최 주체, 감상자의 시점, 시민 참가의 확대 등)의 검토
- 지역의 홍보에 의한 정보 발신

- 잡지, 기관지에 정보제공
- 역사를 살리는 마을 조성에 관하여 시읍면과 협력
- 문화축제의 맵(Map)을 통한 정보발신
- 감성적 디자인을 통한 색상, 형태, 배치에 대해서 연구 필요
- BI(Brand Identity)의 통일화 필요

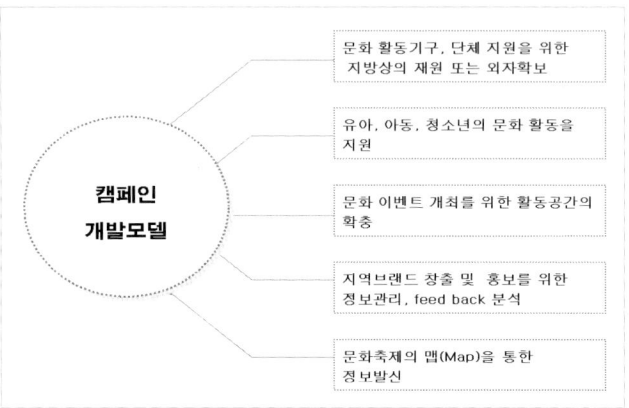

〈그림 29〉 캠페인 개발 전략

지역개발의 중심에는 그 지역이 보유한 역사적 자산과 독특한 문화적 자원의 개발이 자리 잡고 있다. 이를 통해, 지역 고유의 정체성을 강화하고 지역 경제에 새로운 활력을 불어넣는 것이 가능하다. 그렇기에 지역 발전의 핵심 과제는, 지역이 지닌 역사적, 문화적 자원을 발굴하고, 이를 기반으로 하여 과거부터 축적되어 온 다양한 하드웨어(물리적 시설) 및 소프트웨어(문화적 콘텐츠 및 서비스)의 기존 자원을 효과적으로 활용하는 방법을 모색하는 것이다. 이 과정에서 중요한 것은, 자원들이 본래 가지고 있는 가치와 매력을 최대한으로 발휘하게 하여, 지역의 매력을 극대화하는 것이다.

이와 같은 과제를 해결하기 위해서는, 생활 문화 산업을 관광자원으로 전환하는 전략이 필수적이다. 지역의 전통적인 생활 방식, 예술, 공예, 음식 등을 현대적인 관광 상품으로 재해석하고, 관광객들에게 매력적인 체험으로 제공함으로써, 지역의 문화적 가치를 새롭게 창출하는 과정을 포함한다. 또한, 이러한 전환 과정에서는 지역 주민의 참여와 협력을 적극적으로 유도하고, 지역의 이야기와 전통이 관광객들에게 전달될 수 있도록 하는 것이 중요하다. 방문자들은 지역의 문화를 직접 경험하고, 이를 통해 지역에 대한 더 깊은 이해와 애착을 갖게 된다.

결론적으로, 지역의 역사적 및 문화적 자원을 개발하고, 기존에 축적된 자원을 효과적으로 활용하여, 그 자원들이 본래 지니고 있는 가치를 최대화하며 지역의 매력을 높이는 것은 지역 발전의 핵심이다. 이 과정에서 생활문화 산업을 관광자원으로 선환하는 전략을 수립하고 실행하는 것은, 지역의 문화적 매력을 세계에 알리고, 지역 경제를 활성화하는 데 결정적인 역할을 할 것이다. 이러한 전략은 지역사회에 새로운 기회를 제공하고, 지역 주민들의 삶의 질을 향상시키며, 지역의 지속 가능한 발전을 도모하는 데 기여할 것이다.

지역 자원 개발모델

강력한 아이덴티티(Identity)를 가진 지역자원은 해당 제품군 내에서 강력한 브랜드 인지도를 형성하는 데 매우 유리하며, 이를 유지하는 것 또한 상대적으로 쉽다. 예를 들어, 순창고추장과 같은 제품의 경우, 제품 이름에 포함된 지역명은 그 제품의 브랜드 아이덴티티를 구성하는 중요한 요소가 되며, 소비자들에게 특정 지역의 이미지와 연결시켜 강한 인상을 남긴다. 이와 같은 현상을 지역명 효과, 즉 'country of origin effect'라고 부르며, 이는 제품에 대한 소비자들의 인식과 구매 결정에 큰 영향을 미치게 된다. 상주곶감, 나주배, 전주비빔밥 등과 같이 좁은 의미로서의 지역 특산품에서부터 서울, 마이소울(Seoul, My soul), 울산포유(Ulsan for you)와 같이 넓은 의미에서의 지역 메가 브랜드에 이르기까지, 다양한 범위에서 지역 문화자원의 개발이 중요하다.

하나의 메가(mega) 브랜드를 구축하기 위해서는 여러 지역 제품 브랜드들이 통합되어야 한다. 이러한 과정에서 지역 자원을 제품화할 때는 지역 주민의 참여를 적극적으로 유도하고, 지역의 현재 상황과 미래상을 면밀히 조사하여 구체적인 계획을 수립해야 한다. 지역 활성화를 위한 기반을 마련하고, 지역 경제의 성장을 촉진하는 데 크게 기여할 수 있다.

따라서, 각 지역은 자신들만의 독특한 특성과 매력을 살린 '지역다움'의 상품을 개발해야 한다. 단순히 물리적인 제품에 그치는 것이 아니라, 그 지역의 문화, 역사, 전통 등을 반영하여 소비자들에게 새로운 경험을 제공하는 것을 목표로 해야 한다. 이 과정에서 지역의 독특한 문화와 자원을 활용하면서도, 글로벌 시장의 요구와 트렌드를 반영하는 현명한 전략이 필요하며, 이를 통해 지역의 지속 가능한 발전과 문화적 부흥을 이루어 나가야 할 것이다.

【전략 방안】

- 세대간 교류에 의한 지역간의 아이덴티티 재창조
- 문화 단체나 문화 시설간의 광역 네트워크(Network)화
- 정보·인재 시설의 네트워크화
- 지역간 교류 촉진 및 지원
- 지역성에 입각한 주체성확립
- 지역에 대한 자부심 형성
- 새로운 문화의 창조
- 그 지역 '다움' 추구

지역 커뮤니티 내에서 소중히 여기는 지역 자원을 적극적으로 활용하여 지역민들의 애착과 관심을 더욱 고취시킬 수 있다면, 이러한 접근은 지역의 가치를 증진하고 자산을 보다 효과적으로 활용하는 데 크게 기여할 것이다. 지역 자원에 대한 깊이 있는 조사와 연구 활동을 통해, 지역 고유의 문화적, 역사적, 환경적 특성을 체계적으로 이해하고 파악함으로써, 지역 자원의 잠재력을 최대한 발휘할 수 있을 것이다. 이 과정에서 지역민들의 참여와 협력을 촉진하는 것은 매우 중요한데, 지역 주민이 자신들이 사는 지역의 자원을 직접 탐색하고, 연구하고, 개발하는 과정에 참여함으로써, 지역에 대한 애착과 자부심을 높일 수 있기 때문이다.

이러한 활동은 지역의 독특한 자원을 보존하고 발전시키는 동시에, 지역민들에게 지역의 가치를 재인식시키고, 지역 내외부에 지역의 매력을 널리 알릴 수 있는 기회를 제공한다. 또한, 지역 자원에 대한 체계적인 연구와 개발

은 지역 경제의 활성화는 물론, 지역의 지속 가능한 발전을 위한 기반이 될 수 있다. 따라서, 지역 커뮤니티가 지역 자원을 소중히 여기고, 이를 기반으로 한 다양한 활동을 진행하는 것은 지역의 자산을 보다 유용하게 활용하고, 그 가치를 극대화하는 데 결정적인 역할을 할 것이다. 이를 위해 지역민들이 참여하고 주도하는 연구, 개발, 그리고 홍보 활동은 지역의 자산을 효율적으로 사용하고, 지역의 문화적, 경제적 번영을 도모하는 데 있어 핵심적인 요소가 될 것이다.

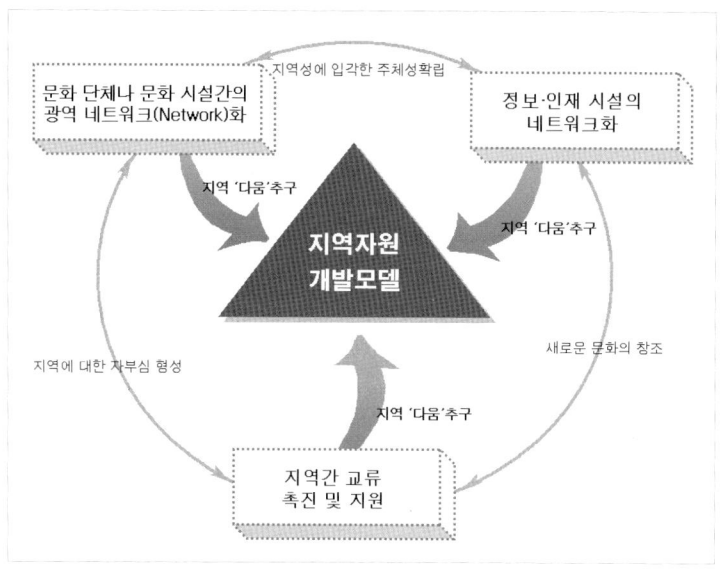

〈그림 30〉 지역 자원 개발모델

친환경적 개발모델

친환경적 개발모델은 오래전부터 많은 논의의 대상이었지만, 전통적으로 혁신적인 분야로 여겨지지 않았다. 그러나, 최근 몇 년 사이에 지역 및 글로벌 환경 문제가 중요한 사회적 이슈로 부상하면서, 소비자들의 환경 문제에 대한 인식과 태도에도 상당한 변화가 발생했다. 이러한 인식의 변화는 환경에 대한 배려를 주요 가치로 내세우는 상품의 등장으로 이어졌으며, 이에 따라 친환경적 모델의 내용과 접근 방식도 급격히 변화하고 있다. 소비자들은 더 이상 단순한 물질적 풍요만을 추구하지 않고, 마음의 풍요와 삶의 질을 높이는 것에 더 많은 가치를 두고 있다. 이런 트렌드 변화는 친환경적 상품이 소비자들에게 제공하는 가치가 과거와는 다르게 인식되고 있음을 시사하며, 소비자들의 요구와 기대에 부응하는 새로운 형태의 상품과 서비스 개발을 필요로 한다.

이러한 소비자 의식의 변화를 반영하여 환경을 중시하는 지역 브랜드 전략의 필요성이 대두되고 있다. 지역 환경을 배려하는 동시에, 지역민들의 삶의 질을 향상시키는 지속 가능한 발전 모델을 구축하는 것을 목표로 한다. '함평 나비축제'는 이러한 접근을 잘 반영하는 예시이다. 이 축제는 지역 환경을 배려한 녹화 활동과 에코벨트 구축을 통해 지역의 자연환경을 보호하고 개선하고자 하는 목표를 가지고 있다. 이를 위해 지역 커뮤니티는 풀, 꽃, 나무 심기와 같은 다양한 환경보존 활동을 추진하며, 이러한 활동은 지역 문화 네트워크 활동의 일환으로 전개되고 있다.

따라서, 현대 사회에서 친환경적 개발모델의 중요성은 점점 더 커지고 있으며, 지역의 자연환경을 보호하고 개선하는 것뿐만 아니라, 지역 문화의 지속가능한 발전과 지역사회의 삶의 질 향상에도 기여할 수 있다. 이런 방식은 지역 브랜드를 강화하고, 지역의 매력을 높이며, 결국 지역 경제와 사회의 활성화로 이어질 수 있다.

환경보존(Ecology), 문화(Culture), 인간(Human)이 서로 상생하는 시스템을 구축하여 지역민의 삶의 질을 향상시키는 것은 지속 가능한 발전을 위한 중요한 전략이다. 이러한 시스템은 지역민이 더 풍요로운 삶을 영위할 수 있도록 돕는 동시에, 지역의 환경보존과 문화적 가치를 일상생활에 깊이 뿌리내리게 하는 데 목적을 두고 있다. 결국 지역의 일상화된 환경 보존적이고 문화적인 삶을 관광 자원화하고, 지역 경제와 사회에 활력을 불어넣는 효과를 가져올 것이다.

또한, 지역의 역사, 전통, 문화를 발굴하고 재조명함으로써, 일반적으로 중앙지역에 집중되어 있는 관심을 지역으로 돌리고, 지역 고유의 문화가 세계적 보편성과 국제성을 내포하고 있음을 재발견하며 국내외에 알림으로써, 지역의 활성화를 촉진하는 것은 지역개발의 중요한 목표 중 하나이다. 이러한 과정에서 지역민들이 주도적으로 참여하고, 이러한 활동을 통해 지역 커뮤니티의 자긍심과 소속감을 강화하는 것은 매우 중요하다.

이와 동시에 지방 정부와 행정기관은 이러한 시민 주도의 활동을 적극적으로 지원하고 뒷받침해야 한다. 정책적 지원, 인프라 구축, 재정적 지원 및 관련 법규와 규정의 개선을 통해, 시민들의 창의적이고 혁신적인 아이디어와 프로젝트가 성공적으로 수행될 수 있도록 돕는 역할을 해야 한다. 행정의 지원과 협력은 지역 커뮤니티의 지속 가능한 발전을 위한 기반을 마련하고, 지역민이 보다 적극적으로 참여하고 협력할 수 있는 환경을 조성하는 데 중요하다. 이러한 접근을 통해 지역은 환경적, 문화적, 인간적 차원에서 상생하는 지속 가능한 발전의 모델을 구축하고 실현할 수 있을 것이다.

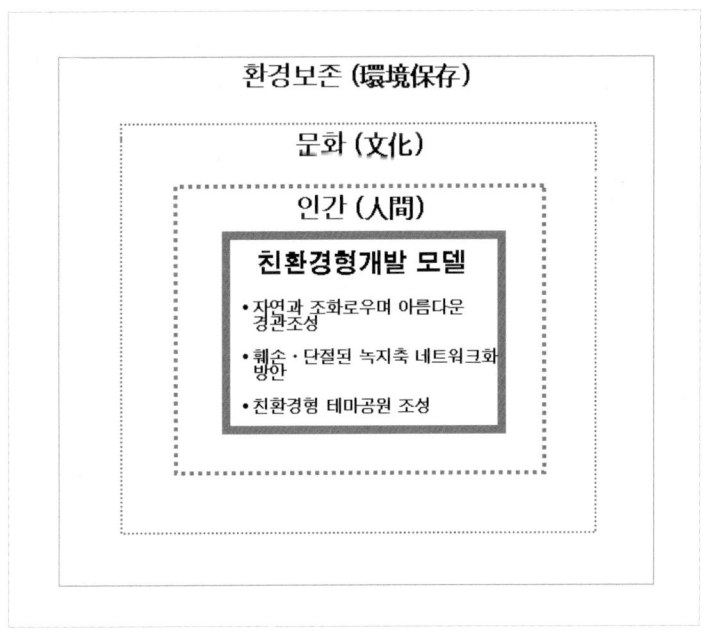

〈그림 31〉 친환경형 개발 전략

【전략방안】

- 자연과 조화로우며 아름다운 경관조성
- 훼손·단절된 녹지축 네트워크화 방안
- 친환경형 테마공원 조성방안
- 깨끗한 자연환경을 지킴과 동시에 자연스럽게 친할 자연공원 정비
- 지역의 녹지조성을 위한 심의회 등에 문화 활동 관계자 등용
- 자연에 대한 지식과 이해를 깊게 하기 위한 보급 계몽 활동

체험적 커뮤니티 개발 모델

체험적 커뮤니티 개발 모델은 지역을 기반으로 한 새로운 커뮤니케이션의 장을 마련하여, 주민들과 방문객들이 상호 작용하며 직접적인 경험을 통해 공감할 수 있는 환경을 제공하는 것을 목표로 한다. 이러한 모델은 주5일 근무제의 확산과 여가 시간의 증가에 따라 중요성이 더욱 커지고 있으며, 지역이 하나의 중요한 브랜드로서의 위치를 확고히 할 수 있을 것이다. 지역 자원의 지원과 상호 협조를 바탕으로 네트워크를 구축하며, 지역사회 내에서의 자원 활용을 위해 지리적 및 환경적 요인을 중심으로 한 자원을 효과적으로 활용하는 것이 필수적이다. 또한, 지역 주민과 소비자가 하나되어 '제3의 공간'을 창출하며, 이곳에서 서로 체험하고 공감하고 실제로 경험을 공유할 수 있는 직접적인 커뮤니케이션이 가능하게 하는 것이 중요하다.

지역 주민과의 긴밀한 관계 구축을 위해서는, 주민들의 일상생활과 밀접하게 연관된, 매력적이고 기억에 남을 수 있는 다양한 경험을 제공할 수 있는 프로그램을 개발하는 것이 매우 중요하다. 이러한 프로그램은 쌍방향 커뮤니케이션을 통해 사람들이 직접 참여하고 체험할 수 있으며, 이 과정에서 자연스러운 공감과 이해가 형성된다. 이체험을 통해 시간과 공간을 공유함으로써, 문화 클러스터의 발전 가능성을 탐색하고, 지역의 문화적 가치와 사회적 유대감을 강화할 수 있다. 지역 주민들뿐만 아니라 외부에서 방문하는 사람들에게도 지역의 독특한 문화와 환경을 체험할 수 있는 기회를 제공함으로써, 지역의 매력을 강화하고 지역 경제와 문화의 활성화를 도모하는 데 기여할 것이다.

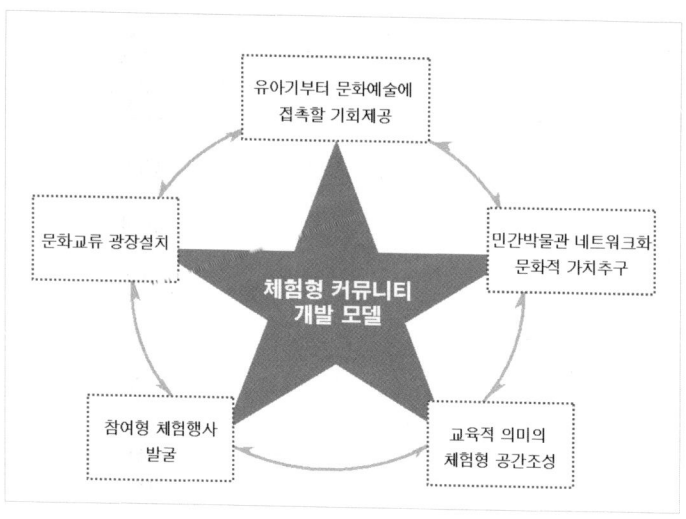

〈그림 32〉 체험형 커뮤니티 개발 전략

> 【전략 방안】
>
> - 교육적 의미의 체험형 공간 조성 ex) 갯벌 탐사, 주말농장 등
> - 단체체험 참여자들의 사전 모집으로 붐(Boom)조성
> - 지역민과 명인들이 함께 하는 프로그램 개발
> - 공모 전시 및 체험을 통한 참여형 체험 행사 발굴
> - 발표, 연습의 장소로서의 민간 기존 시설의 활용
> - 생활 문화에서 국민 오락 등의 학습 기회의 추진
> - 유아기로부터 문화 예술에 접촉한 기회의 제공
> - 문화예술을 참여하고, 계승하는 창조적 기회 제공

지역 문화자원의 활용은 지역민에게 큰 자부심과 긍지를 가져다주며, 지역사회의 동질감과 소속감을 강화하는 중요한 요소로 작용한다. 지역 내의 문화적 가치와 전통을 발굴하고 적극적으로 홍보함으로써, 주민들은 자신들이 속한 공동체의 독특한 특성과 역사를 인식하고 이를 자랑스럽게 여길 수 있다. 이러한 과정은 지역민들 사이에 공통된 정체성을 형성하고, 지역에 대한 애착과 존중의 감정을 키워나가는 데 기여한다.

또한, 지역 내 여러 기업과 조직이 문화자원의 활용과 관련된 프로젝트에 협찬하거나 참여함으로써, 지역사회 내에서의 협력과 네트워크가 강화된다. 기업들의 지원과 협력은 지역 문화 활성화를 위한 자금과 자원을 제공하며, 지역 경제의 성장과 지역사회의 발전에 긍정적인 영향을 미친다. 이 과정에서 기업들은 지역사회에 대한 책임감을 갖게 되고, 지역민들은 이러한 기업들에 대해 긍정적인 인식을 가지게 될 수 있다.

지역 문화자원의 활용은 지역사회에 다양한 파급적 효과를 가져온다. 문화 행사나 축제, 전시회 등을 통해 지역의 문화적 가치를 알리고 관광객을 유치함으로써, 지역 경제에 직접적인 수입을 창출할 뿐만 아니라, 지역의 이미지와 브랜드 가치를 향상시킨다. 더 나아가, 이러한 활동은 지역의 문화적 다양성과 창의력을 촉진하며, 지역민과 방문객들에게 풍부한 문화적 경험을 제공한다. 결국, 지역 문화자원의 적극적인 활용과 개발은 지역사회의 자부심과 긍지를 높이고, 지역의식을 강화하며, 지역 경제와 문화의 지속 가능한 발전을 위한 강력한 동력이 될 것이다.

07

맺음말

빌 게이츠가 언급한 바와 같이, 현대 사회에서 우리의 가치관, 윤리관, 그리고 라이프스타일은 상상할 수 없을 만큼 **빠른** 속도로 변화하고 있다. 이러한 변화는 기술의 발달, 글로벌 커뮤니케이션의 증가, 그리고 문화 간의 상호 작용의 확대로 인해 가속화되고 있다. 과거 수백 년 혹은 수십 년 동안의 발전이라고 할 수 있는 변화들이 이제는 순식간에 이루어지고 있으며, 이러한 변화의 속도는 우리 사회와 문화의 모든 면에 깊숙이 영향을 미치고 있다.

이러한 변화는 브랜드의 개념에도 근본적인 영향을 미치고 있다. 과거에 브랜드는 주로 제품이나 서비스를 구분하기 위한 차이, 표시, 기호로 인식되었다. 그러나 지난 세기를 거치면서, 브랜드는 단순한 식별 수단을 넘어서 그 자체가 하나의 이미지, 가치, 그리고 품격을 나타내는 것으로 인식되기 시작했다. 오늘날 브랜드는 제품이나 서비스의 기능적 특성을 넘어 소비자의 정체성, 생활 방식, 그리고 가치관을 반영하는 총체적 경쟁력의 상징이 되었다.

따라서 현대의 브랜드 관리는 단순한 제품 판매 전략을 넘어서, 고객과의 감정적 연결을 구축하고, 지속 가능한 관계를 유지하는 것을 포함해야 한다. 이를 위해서는 소비자의 변화하는 요구와 가치를 이해하고, 이에 대응하는 브랜드 전략을 수립하는 것이 필수적이다. 또한, 브랜드는 지속적으로 자신의 정체성을 갱신하고, 시대의 변화에 맞추어 가치를 제공하는 방법을 모색해야 한다. 이와 같이, 브랜드는 더 이상 단순한 제품이나 서비스가 아니라, 소비자의 삶과 밀접하게 연결된 경험과 감정, 가치를 제공하는 복합적인 존재로 인식되고 있다.

지역이 보유하고 있는 브랜드 가치는 신화와 전설을 통해 이어지며, 무한한 경쟁력을 발휘할 수 있다. 우리의 자연환경은 강, 산, 바다가 조화롭게 분포되어 있으며, 사계절을 뚜렷하게 느낄 수 있는 시각적 조화와 기후, 식생을 제공한다. 이러한 환경은 인간의 삶과 도구가 자연스럽게 조화를 이루는 최적의 조건을 만들어내고 있다. 지역의 브랜드는 이러한 자연환경뿐만 아니라 지역 고유의 문화와 전통에서도 큰 가치를 창출할 수 있으며, 지역을 세계적인 상품으로 만들 수 있는 가능성을 내포하고 있다. 반면, 지난날의 무관심한 태도로 방치한다면, 이러한 자원은 역사 속에서 잊혀지고 도태될 위험이 있다.

21세기 시장에서는 '브랜드'가 중요한 화두로 떠오르고 있으며, 지역 브랜드의 이미지를 보존하고 확대시키기 위한 전략이 필요하다. 만약 지역에 대한 부정적인 선입관이 존재한다면, 이를 새롭게 인식시키고 개선하기 위한 대응책을 마련해야 한다. 이를 위한 전략으로, 지역의 새로운 브랜드 창출을 위한 캠페인 개발, 지역의 역사성과 전통성을 기반으로 한 자원 개발, 자연녹지 및 환경자원을 활용한 친환경적 개발, 그리고 지역의 콘텐츠를 활용한 체험적 커뮤니티 개발 등 네 가지 모델을 개발하는 것이 중요하다. 이러한 모델은 지역의 독특한 가치를 강조하고, 지역민과 방문객이 직접 체험하고 공감할 수 있는 경험을 제공함으로써, 지역의 브랜드 가치를 향상시키고, 지역문화의 지속 가능한 발전을 이끌어낼 수 있다.

현재 우리는 지방자치제의 도입 초기 단계를 뛰어넘어 지역의 잠재력을 적절히 발굴하여 로컬라이즈(localize) 브랜드 상품을 개발함으로써 지역사회의 발전과 풍요로움을 증진시키는 데 집중해야 한다. 주민과 지자체, 그리고 경제 활동에 종사하는 집단이 모두 풍요롭게 살 수 있도록 내 고장을 더욱 체계적으로 발전시켜 나가야 한다. 이러한 섬세한 지역개발은 도시 재생에 필수적이며, 스마트 모빌리티 플랫폼의 구축도 중요한 과제로 인식되어야 한다. 이러한 노력은 상업적인 목적뿐만 아니라 로컬 아이덴티티(Identity)의 발전과 삶의 의미를 찾아내는 데 기여할 것이다.

클러스터는 과거부터 디자인과 공예 분야에서 전통 기술과 공예품 생산, 판매, 기술 보존, 체험 학습 등을 포함하는 집단적 공동체로서 운영되어 왔다. 이제 다시 산업 클러스터와 문화 클러스터가 주목받는 이유는 현재 지역 정보에 대한 접근성이 증가하면서 국내뿐만 아니라 세계 어디에서나 지역 관광 상품이 접근 가능해지면서 지역 경제에 직접적인 영향을 미칠 수 있기 때문이다. 따라서 지역은 브랜드 제고와 하드웨어적 기반의 강화를 통해 경제적, 사회적 발전을 위한 노력을 계속해야 한다.

저자는 초기 단계에서는 국내의 특정 지역을 선정하여 고유한 자원을 발굴해 나가는 과정으로부터 브랜드를 개발하는 과정에 이르기까지 지방자치단체와 함께 실질적이고 현장적인 모델을 만들어 나갈 목적이었다. 그러나 지방자치단체의 여건상, 특색 없는 획일화된 지역 환경에 따라 실제로는 이론적인 리서치만 진행하게 되었다.

마지막으로, 산업 클러스터와는 달리 문화 클러스터는 국내 자료의 일정한 내용에 한계를 느껴 다양한 사업의 성공 사례를 일본 지자체를 중심으로 기술하였기에 비교가 제한적이다. 향후 이 분야의 연구 활동을 지속하여 현장 중심의 개발 스터디가 활성화되고, 보다 구체적이고 체계적인 가이드라인을 수립하여 문화 클러스터 정책 입안에 도움이 되는 자료로 활용되길 바란다. 또한, 지역재생 및 스마트 모빌리티의 도시 계획 수립에 초석이 되길 바라며, 지역다움을 갖춘 지역 브랜드가 세계적인 브랜드가 되기를 희망한다.

참고문헌

건설교통부,『제4차 국토계획안』,서울 : 건설교통부.
권영섭,『지역혁신을 위한 지식클러스터 실태분석』, 서울 : 과학기술부.
권오형외,『지방문화육성방안』, 서울 : 한국지방행정연구원.
김동주,『국가균형발전의 비전과 전략』, 서울 : 국가균형발전위원회.
김인중외,『지식기반경제에 있어 지역혁신체계 구축모형』,서울 : 산업연구원.
김혜정,『지역 브랜드 구축을 위한 문화 클러스터개발전략』,이화여자대학교.
김혜정,『이끌림의 비밀』, 서울 : 넥센미디어.
노장오,『브랜드마케팅』.서울 : 사계절.
데이비드 A, 아커 외,『브랜드 리더쉽』브랜드앤컴퍼니㈜옮김, 서울 : 브랜드앤컴퍼니.
문화관광부,『문화컨텐츠 진흥방안』,서울 : 문화관광부.
문화관광부,『문화단지 지역의 지정현황』, 서울:문화관광부.
문화관광부,『문화산업백서』, 서울 : 문화관광부.
문화산업국,『2005년도 지방문화산업클러스터 운영계획 보고』.
번트 H.슈미트지음,『체험마케팅』, 박성연옮김, 서울 : 세종서적.
안드레아셈프리니,『브랜드』이은령 옮김, 서울 : 커뮤니케이션북스.
이공래,『우리나라 지식클러스터 실태와 육성방안』, 서울 : 과학기술정책연구원.
유진룡,『CT클러스터의 발전전략과 정책방향』, 서울 : 삼성경제연구소.
윤용중,『지역별문화산업육성정책비교연구』, 서울 : 중앙일보.
윤용중,『문화산업 클러스터를 중심으로』, 서울 : 한국관광정책.
산업자원부,『산업클러스터 활성화 정책 추진』, 서울 : 산업자원부.
삼성경제연구소,『산업클러스터 발전전략』, 서울 : 삼성경제연구소.
삼성경제연구소 ,『지역산업 육성의 성공사례와 향후과제』, 서울.
전영옥,『문화자원개발과 지역활성화 전략』, 서울 : 삼성경제연구소.
정경원,『디자인경영』, 서울 : 안그라픽스.
복득규,『산업클러스터의 국내 외 사례와 발전전략』, 서울 : 삼성경제연구원.
복득규외,『한국산업과 지역의 생존전략 클러스터』, 서울 : 삼성경제연구소.

박진수 외,『문화산업과 지역발전』, 서울 : 산업연구원.
박흥식,『도시브랜드에 마케팅의 미래가 있다』, 서울 : Cheil communications.
홍서범외,『중국의 혁신클러스터 특성 및 유형분석 : 한국사례와의 비교』, 서울 : 과학기술정책연구원.

Aaker, David A.『Building Strong Brands』NY : The Free Press.
Aaker, David A.『Managing Brand Equity』, NY : The Free Press.
Cooke,P. & Morgan. The creative milieu: a Regional perspective on Innovation, in M. Dodgson,et.at.(eds), The Handbook of Industrial Innovation. Edward Elgar, Cheltenham.
Jennifer Aaker.『Dimensions of Brand Personality』, Journal of Marketing Research Vol. 34.
Repport.,A.,『Identity in cross-cultural perspective』. In J.Duncan Eds. Housing and Identity. N.Y : Holmes & Meier.
Simon Anholt.『Place Branding』
S.Watson Punn「Advetising:Itsrde in Mordern Marketing」, N Y Holt, Renehant and Winston, inc.
目瀨守男,『地域資源管理學』, 明文書店.
林巖夫4人,『地域とまちづくり讀本』, 地域開發センター.

길경민,『지역클러스터시대』,농수축산신문.
매일경제,『글로벌 브랜드에서 배운다』.
박억철,『지역개발디자인및 지역아이덴티티와 지역이미지형성에 관한 연구』, 서울 : 건국대.
서정해,『지역혁신을 위한 기업의 역할』, 대구 : 대은경제리뷰.
손봉선,『지역 브랜드』, 서울 : 브랜드메이저.
최상희,『지역클러스터시대』, 농수축산신문.

http://www.ainu-museum-nibutani.org/html/jyum0AN.htm
http://www.city.yokkaichi.mie.jp/bunkashinko/pdf/no8/shiryo01.pdf
http://www.city.miyazaki.miyazaki.jp/gyousei/html/pcomment/comment/16bunka/pdf/04.pdf

참고문헌

http://www.chiiki-dukuri-hyakka.or.jp/book/monthly/0504/html/t15.html
http://www.dentsu.co.jp
http://www.kurokabe.co.jp
http://www.pref.nagano.jp/keiei/brand/agilu_open/agilu_open.pdf
http://www.pref.osaka.jp/jinken/measure/bunka/bunka6.html
http://www.nikkei-r.co.jp/report/0403/03chiiki.pdf
http://www.wagamachigenki.jp/kyodo/050201-01.html

Abstract

Regional Brand are Global Brands

Ph. D. KIM Hye-jung

Halla University

In the late 20th century, the world changed into the information-based society, and there has formed a market where nobody can keep his privacy in front of the huge global network. As a result, countries have gone through an extremely serious structural transformation of globalization, which leads to regionalization, then to localization. That is, each region in the countries is strengthening its competitiveness by revolutionizing for itself and creating its own regional economy. Regional cultures and industries that subordinated to the country in the past are now also fortifying their own foundation for international communication with the cultural knowledge and internet information arising from each regional community. In this situation, the regional cultural status that has been heightened via its brand and image-positioning has a very great influence directly on the regional economy. In the mean time, each regional self-governing body is concentrating on developing the kind of products that may benefit the regional economy. They are also trying making clusters in terms of policy so that they may unearth the relics and ruins whose assets are history and tradition and be armed with the competitive products which will mark the region.

In the process of modernization when our nation suffered from the Japanese Colonialism and civil wars, we gave the precedence to our liberation from the subordinate condition of the economy and politics over to the concern about our culture. We lost the pride in our culture while we were subordinated to foreign powers. So our perception about high-quality culture has shaped up centering around Japanese Imperialism and Europe. Since the 1960s we pursued the stability politically and socially, and around the 1980s the industry and economy played a leading role. But today the culture has conversely had a great influence on the politics and economy as an unseen power.

Although the history of our self-governing system is short, regional governments, inhabitants, and companies as main bodies are giving serious consideration to those social changes. It is because the two imperative tasks, creating profits out of the regional community and increasing employment, are directly connected with securing not only political stability but also steadfast power. So they are making into product resources anything that can be considered as consumable objects, from regional history to natural environment. In the last half century, we have sought after the progress-oriented industrial policies in the rapid procedure of industrialization. But today those things that were pushed out, reserved, cleared, destructed all the while are rising as new interests. Nature and tradition are being trimmed by public policies to develop new types of products that target new consuming tastes. In this point of view, cultural clusters are the models where the integrated system of capital, technology, and environment for gathering all the industrial capacity together is applied to the development system of tangible and intangible resources called culture. Cultural clusters are not the manufacture-oriented industry which has sought after the quantitative expansion by means of mass production in order to produce instruments for physical convenience. They are the foundation that produces knowledge, information, food, leisure, etc. as staples for the post-industrial tastes, where people pursue creativity and recreation and consume learning and experience.

The issue of the market in the 21st century is surely 'Brand. Interms of brand, regions need strategies to preserve and extend their good images. Therefore they should take steps to have those images recognized newly and improved if there have been negative preconceptions. In this paper, we discuss the four following models as the strategies to develop regional cultural clusters. The first is the campaign development model to create new brand for the region. The second is the regional resources development model centering around history and tradition. The third is the environment-friendly model to make natural green areas and environmental resources into products. The fourth is the experiential community development model to utilize regional contents and be backed up by communicational elements in time and space.

The purposes of this paper are suggesting successful examples able to be a guide when a region examines its specialization and image-positioning without discovering its own real picture, and offering the types of models when they decide what kind of system they should introduce their cluster through in order to most effectively develop the cultural resources they have.

We can find a lot of successful examples of regional development. However, I studied Japanese examples in the body of this paper because Japan has not only relatively similar operational methods to those of Korea but also much more advanced regional development models. The type of cultural clusters can be infinitely expanded depending on the change of the time and the subject and object of consumption. It is because there are highly various resources that can be translated as one area of culture and born into new products.